Hans H. Hinterhuber

Leadership

Für
Barbara, Andreas, Monika,
Lukas und Katharina

Hans H. Hinterhuber

# Leadership

Strategisches Denken systematisch schulen
von Sokrates bis Jack Welch

IM F.A.Z.-INSTITUT

Bibliografische Information Der Deutschen Bibliothek –
Die Deutsche Bibliothek verzeichnet diese Publikation in der
Deutschen Nationalbiografie; detailliertere bibliografische
Daten sind im Internet über http://dnd.ddb.de abrufbar.

Hans H. Hinterhuber

Leadership

Strategisches Denken systematisch schulen
von Sokrates bis Jack Welch

Redaktionelle Bearbeitung: Constanze Hacke

F.A.Z.-Institut für Management-,
Markt- und Medieninformationen GmbH,
Frankfurt am Main: 2003

ISBN 3-89981-000-7

### Frankfurter Allgemeine Buch
IM F.A.Z.-INSTITUT

Copyright F.A.Z.-Institut für Management-, Markt-
und Medieninformationen GmbH
Mainzer Landstraße 199
60326 Frankfurt am Main

Umschlaggestaltung Rodolfo Fischer Lückert
Satz Umschlag F.A.Z.-Marketing/Grafik
Buchgestaltung Gaudenz Bock
Druck Druckhaus Beltz. Hemsbach

Alle Rechte, auch des auszugsweisen
Nachdrucks, vorbehalten.

Printed in Germany

# Inhalt

**Vorwort**    9

**Dank**    13

**I   Leadership als Lebensstil**    15
1. Die Schlüsselelemente von Leadership    16
2. Perspektiven unterschiedlicher Leadership-Theorien    23
3. Die drei stoischen Führungsprinzipien    25
4. Gebrauche deine Vorstellungen vernunftgemäß    28
5. Strebe nach dem, was in deiner Macht steht    31
6. Handle so, dass du das Nützliche für die anderen mit dem Angenehmen für dich selbst verbindest    34
7. Soll die Vernunft die Emotionen leiten?    35
8. Die neue Rationalität    39
9. Das Ziel des Lebens    41
10. Der Leadership-Test zur Überprüfung der stoischen Grundlagen    44
11. Zusammenfassung für den eiligen Leser    48
12. Und was sagt Nasreddin?    50

**II   Die Strategie als Theorie des praktischen Handelns**    51
1. Strategisches Denken ist positives Denken    51
2. Begriff und Arten der Strategie    53
3. Strategie ist die Anwendung des gesunden Menschenverstandes    59
4. Die fünf Schlüsselelemente der Strategie    61
5. Die Ebenen und Dimensionen der Strategie    66
6. Die direkte und die indirekte Strategie    71
7. Starke und schwache Formen der Strategie    77
8. Positive und negative Leitsätze der Strategie    83
9. Die drei goldenen Regeln der Strategie    85

|     |    |                                                                                   |     |
| --- | -- | --------------------------------------------------------------------------------- | --- |
|     | 10 | Die Strategie als gemeinsame Logik des Handelns                                   | 91  |
|     | 11 | Mit welchen Fragen lässt sich die Qualität der Strategie beurteilen?              | 93  |
|     | 12 | Zusammenfassung für den eiligen Leser                                             | 95  |
|     | 13 | Und was sagt Nasreddin zur Strategie?                                             | 95  |
| III |    | **Was lässt sich von der Militärstrategie lernen?**                               | 97  |
|     | 1  | Sun Tzu                                                                           | 98  |
|     | 2  | Sokrates                                                                          | 100 |
|     | 3  | Xenophon                                                                          | 101 |
|     | 4  | Alexander, Hannibal, Caesar                                                       | 102 |
|     | 5  | Marc Aurel                                                                        | 104 |
|     | 6  | Vegetius                                                                          | 104 |
|     | 7  | Niccolò Machiavelli                                                               | 105 |
|     | 8  | Friedrich der Große und Napoleon I.                                               | 107 |
|     | 9  | Gerhard von Scharnhorst                                                           | 109 |
|     | 10 | Christian von Massenbach                                                          | 111 |
|     | 11 | Wilhelm von Gneisenau                                                             | 111 |
|     | 12 | Karl von Clausewitz                                                               | 112 |
|     | 13 | Helmuth von Moltke                                                                | 117 |
|     | 14 | Die Schüler des 20. Jahrhunderts: Was Jack Welch von Moltke gelernt hat           | 127 |
|     | 15 | Der geistige Hintergrund der Militärstrategie                                     | 129 |
|     | 16 | Der weite Weg von der Militärstrategie zu Leadership                              | 130 |
|     | 17 | Allgemeine Grundsätze der Militärstrategie als übergeordnete Bestimmungsgrößen des Handelns | 131 |
|     | 18 | Zusammenfassung für den eiligen Leser                                             | 133 |
|     | 19 | Und was sagt Nasreddin?                                                           | 134 |
| IV  |    | **Die Auswahl und Beurteilung der Führungskräfte und Mitarbeiter**                | 135 |
|     | 1  | Die Erfahrungen der Militärstrategie nutzen                                       | 135 |
|     | 2  | Werte und Ziele als Beurteilungskriterien für Führungskräfte und Mitarbeiter      | 138 |
|     | 3  | Der Vitalitätsquotient                                                            | 141 |
|     | 4  | Begeisterung in das Unternehmen hineintragen                                      | 144 |

|   |   |                                                                                  |     |
|---|---|----------------------------------------------------------------------------------|-----|
|   | 5 | Unternehmer und Führungskräfte personifizieren eine Gemeinschaft                 | 146 |
|   | 6 | Wie lassen sich die Qualität des Arbeitsplatzes und das Führungsverhalten des Vorgesetzten beurteilen? | 149 |
|   | 7 | Zusammenfassung für den eiligen Leser                                            | 152 |
|   | 8 | Und was sagt Nasreddin?                                                          | 152 |
| **V** | **Was bleibt zu tun?**                                                       | 154 |
|   | 1 | Jeder kann Leadership erlernen und strategisch denken                            | 154 |
|   | 2 | Das eigene Lebensmodell bestimmen                                                | 159 |
|   | 3 | Eine Leadership Company entwickeln                                               | 161 |
|   | 4 | Die Welt etwas besser zurücklassen, als wir sie vorgefunden haben                | 170 |
|   | 5 | Zusammenfassung für den eiligen Leser                                            | 172 |
|   | 6 | Und was sagt Nasreddin?                                                          | 173 |

| | |
|---|---|
| **Anmerkungen** | 174 |
| **Literaturverzeichnis** | 182 |
| **Ausgewählte Bücher des Autors** | 191 |
| **Der Autor** | 192 |
| **Leserstimmen** | 193 |

# Vorwort

»Lass alles weg, was nicht unbedingt notwendig ist.«
Marc Aurel

Dieses Buch wendet sich an alle, die Führungsverantwortung tragen – also an jeden, in dessen Verantwortung es liegt, neue Möglichkeiten zu erschließen und umzusetzen oder umsetzen zu lassen. Denn jeder ist ein Führender, wenn er einen (positiven) Einfluss auf das Verhalten anderer ausübt – gleich, in welchem Unternehmen, in welcher Non-Profit-Einrichtung, in welchem Team oder auf welcher Verantwortungsstufe er auch tätig ist.

Die Kunst der Führung besteht darin, Möglichkeiten zu erschließen, die andere nicht gesehen haben; Führungsverantwortung in diesem Sinne bedeutet auch, andere Menschen zu beeinflussen und in die Lage zu versetzen, sich begeistert für gemeinsame Ziele zu engagieren.

Das Wort »Begeisterung« ist aber in vielen Unternehmen kein Bestandteil des Sprachgebrauchs mehr. Begeisternde Führungskräfte scheinen aus den Chefetagen der Konzerne weitgehend verschwunden zu sein. Unverhältnismäßig hohe Gehälter, die Unfähigkeit zur angemessenen Selbsteinschätzung sowie unverantwortlicher Umgang mit Macht sind anscheinend unter Spitzenkräften immer verbreiteter. Eine gefährliche Entwicklung: Denn echte und glaubwürdige Begeisterung kann nur bewusst vorgelebt werden und ist ein wesentlicher Bestandteil von Leadership. Leadership bedarf dieses inneren Feuers von Führungskräften, da sonst das Unternehmen erkaltet.

Die Grundsätze der Führung sind einfach. Sie unter den erschwerten Bedingungen des Wettbewerbs anzuwenden, stellt die höchsten Anforderungen an Wissen, Können und Charakter. So kommt es, dass Führung in ihrer Ausübung sich weniger als eine Wissenschaft als mehr eine Kunst darstellt – eine Kunst, die Leadership heißt.

Keine normale Schule kann diese Kunst bis zur vollen Reife vermitteln, denn sie bildet vorwiegend durchschnittliche, und nur wenige sehr gute Schüler aus. Von der Schule ist nur zu erwarten, dass sie angehenden Führungskräften Mittel und Wege zur Entwicklung und Entfaltung ihrer inneren Anlagen bietet.

Dieses Buch will aufzeigen, dass Leadership eine existenzielle Entscheidung für einen *Lebensstil* ist. Leadership heißt, sich für eine bestimmte Lebensweise zu entscheiden. Die Lebensweise und die Führungsprinzipien Marc Aurels, des Philosophen auf dem Kaiserthron, können auch Unternehmern in unserer turbulenten Zeit Orientierung und Sinn für ihre verantwortungsvolle Aufgabe bieten. Die stoischen Führungsprinzipien können auf praktische Weise viel beschäftigten Führungskräften echte Schritte in Richtung innerer Harmonie und innerer Stärke aufzeigen.

Der Leser erhält darüber hinaus einen vertieften Einblick in das *Wesen der Strategie*, ohne die kein Unternehmen erfolgreich in die Zukunft geführt werden kann. Der Bedarf an Strategie steigt bekanntlich mit zunehmender Unsicherheit der Umwelt. Das Buch zeigt, dass Strategie, um mit Helmuth von Moltke zu sprechen, nichts weiter ist als die Anwendung des gesunden Menschenverstandes.

Unternehmer und Führungskräfte können hier auch von der *Militärstrategie* lernen. Für alle großen Strategen war der Krieg keine Lebensaufgabe, und niemand hat den Frieden mehr geschätzt als sie. Wichtiger als der allgemein bekannteste Vertreter der Militärtheoretiker, Karl von Clausewitz, sind die strategischen Lehren und Erfahrungen Moltkes. Sein Lebensgrundsatz war, die Dinge erst zu wägen, bevor er sie wagte. Seine strategischen Lehren und Erfahrungen sind nach meiner Ansicht für Unternehmer und Führungskräfte unserer Zeit von größtem praktischem Interesse. Aber auch die Militärstrategie insgesamt ist eine unerschöpfliche Quelle von Anregungen für jeden, der seine Führungsfähigkeiten und seinen strategischen Sinn weiterentwickeln will.

Eine gute Strategie ist das Produkt des Denkens und Handelns guter Unternehmer und Führungskräfte. Das Buch will deshalb zeigen, wie die richtige Person für die richtige Aufgabe gefunden werden kann. Denn die richtige Person, so Jack Welch, führt zur richtigen Strategie. Jeder, der gerne mit Menschen umgeht und aufrichtiges Interesse an ihnen hat, kann Leadership erlernen und strategisch denken – wenn er es will und es seinem Lebensstil entspricht. Das Unternehmen der Zukunft ist nach meiner Auffassung die *Leadership Company*, die offen und vernetzt ist und deren Kernkompetenz Leadership in allen Bereichen und auf allen Verantwortungsebenen ist.

Der Verfasser möchte Führungskräfte auf unterhaltsame und nachvollziehbare Weise einladen, mit Herz und Vernunft ihrer Aufgabe nachzugehen sowie das Unternehmen zum Wohl seiner Kunden, Anteilseigner und Mitarbeiter und der Gesellschaft weiterzuentwickeln und erfolgreich in die Zukunft zu führen. Darüber hinaus möchte das Buch einen Beitrag dazu leisten, dass Leadership und Strategie zum Gemeingut aller Gebildeten werden. Meine persönliche Vision ist es, mehr Humanität in die Welt der Unternehmen hineinzutragen und gleichzeitig Anregungen zu geben, wie sie ihren Beitrag, einen allgemeinen Wohlstand zu schaffen und den sozialen Frieden zu sichern, noch besser erfüllen können.

Ich wünsche allen Leserinnen und Lesern viel Begeisterung, Erfolg und Glück auf ihrer Reise durch die Welt der Führung, für die das Buch Orientierung und praktische Anregung bieten will. Denn alle großen Einrichtungen unserer Zeit sind genauso wie die vielen kleinen Verbesserungen in den Unternehmen durch Können und Begeisterung einzelner entstanden.

Aus Gründen der Lesbarkeit ist meist allgemein von Führenden, Unternehmern, Partnern und Mitarbeitern die Rede, was selbstverständlich die Frauen mit einschließt. Die Ausführungen verstehen sich auch als Einladung an die Unternehmensleitungen, mehr Frauen in Führungspositionen zu integrieren.

Innsbruck, im Juli 2003         Hans H. Hinterhuber

# Dank

Mein Dank richtet sich an die zahlreichen Unternehmer und Führungskräfte, die stets bereit waren, meine vielen Fragen zu beantworten und Anregungen zu geben. Hervorheben möchte ich meinen Sohn, Dr. Andreas Hinterhuber, Bayer Aktiengesellschaft, der durch seine kritischen Hinweise elementare Fehler beseitigt und wertvolle Anregungen gegeben hat.

Für das freundliche Mitlesen der Korrektur und für viele Anregungen sage ich meinen Mitarbeiterinnen und Mitarbeitern, den Univ.-Professoren Dr. Kurt Matzler und Dr. Harald Pechlaner, meinen Assistentinnen, Frau Mag. Dagmar Abfalter, Frau Mag. Doris Ohnesorge, Frau Mag. Margit Raich, Frau Dr. Birgit Renzl und Frau Mag. Bettina Schmalzl meinen herzlichen Dank. Mein Dank gilt auch Dr. Stephan A. Friedrich von den Eichen, Dr. Marc-Oliver Kaiser, Univ.-Prof. Dr. Heinz K. Stahl und Univ.-Prof. Dr. Elmar Waibl, die wesentlich zur Entwicklung des Buches beigetragen haben. Ungemein wertvoll war die kritische Sichtweise von Herrn Dipl.-Ing. Paul Kolowratnik, COO von Lafarge Oberursel. Für Korrekturen, Anregungen und Kürzungen bin ich Frau Constanze Hacke zu besonderem Dank verpflichtet. Dank gesagt sei auch Frankfurter Allgemeine Buch, insbesondere Herrn Klaus M. Klose, für das sorgfältige Lektorat des Werkes.

Ein besonderer Dank gebührt wie immer Frau Andrea Mayr, die das Manuskript professionell und engagiert fertig gestellt hat.

# I  Leadership als Lebensstil

»The world of the 90s and beyond will not belong to
›managers‹ or those who can make the numbers dance.
The world will belong to passionate, driven leaders –
people who not only have enormous amounts of energy but
who can energize those whom they lead.«
Jack Welch

Die gegenwärtige Wirtschaftslage stellt nicht nur große Konzerne vor schwierige unternehmerische Situationen. Auch jeder zehnte kleine und mittlere Betrieb weist über mehrere Jahre nur Verluste aus und bloß die Hälfte erzielt regelmäßig Gewinne. Die Ursachen hierfür sind vielfältig, eine wesentliche davon ist die ungenügende Führungsleistung.

Empirische Untersuchungen zeigen, dass der Erfolg eines Unternehmens umso stärker vom Leadership-Verhalten der Führungskräfte und ihrer Teams abhängt, je turbulenter der Markt ist. Der unternehmerische Erfolg ist darüber hinaus umso größer, je größer die Handlungsgeschwindigkeit der Führenden und je größer der Handlungsspielraum ist, über den der Letztentscheidungsträger und sein Team verfügen und der von diesen auch im Interesse des Unternehmens genutzt wird.[1] Leadership schafft und erweitert den Handlungsspielraum und erhöht die Handlungsgeschwindigkeit – nicht die Hektik –, mit der das Unternehmen aktiv auf Strategic Issues antworten kann.

*Je turbulenter das Umfeld, desto wichtiger ist Leadership*

Die Attraktivität, die Gewinn- und Wachstumsperspektiven, die ein Markt aufweist, ist wichtig, sie erklärt aber nur zu einem Teil den Erfolg eines Unternehmens. Die Attraktivität des Marktes ist mit dem Wind vergleichbar, der in die Segel bläst: Je stärker der Wind, desto schneller und einfacher lässt sich das Ziel erreichen; herrscht Windstille, nützen weder Leadership noch Strategie, auch wenn die Segel noch so gut gesetzt

*Leadership und Strategie sind die Segel, die Attraktivität des Marktes ist der Wind*

*Chancen gibt es immer irgendwo*

sind. Leadership bedeutet, herauszufinden, wohin der Wind bläst, mit Windstillen rechnen und durch pro-aktives Verhalten in einer Flaute noch stärker werden. Chancen gibt es immer irgendwo. Der Unternehmer freut sich selbstverständlich über günstige Marktbedingungen so wie sich der Segler über den guten Wind freut. Nicht der Wind, sondern die Segel bestimmen den Kurs. Die Segel sind Leadership und Strategie.

Im Ergebnis heißt das: Unternehmen können auch in wenig attraktiven Märkten, also auch bei schwachem Wind, erfolgreich in die Zukunft geführt werden, wenn Leadership von der Unternehmensspitze vorgelebt wird und die Strategie stimmt. Je turbulenter die Märkte sind und je besser die Führenden ihren Handlungsspielraum, d.h. den günstigen Wind, nutzen, desto wichtiger sind Strategie und Leadership für den unternehmerischen Erfolg. Leadership macht letztlich den Unterschied zwischen den Unternehmen aus und ist dafür verantwortlich, welche Unternehmen erfolgreich sind und welche nicht.

### Die Schlüsselelemente von Leadership

»Ich habe mich von nichts mehr überzeugt, als dass ich meinen Lebensweg nicht nach den Meinungen anderer bestimmen darf.«
Sokrates

Aber was kennzeichnet eine gute Führungsleistung? Was sind die entscheidenden Merkmale, die jemandem Führungseigenschaften verleihen? Die Fähigkeit zu führen, begründet sich auf Elementen, die von Sokrates und den Vertretern der stoischen Philosophie über Militärstrategen bis hin zu den Theoretikern der Neuzeit entwickelt und benannt wurden.

*Der sokratische Begriff von Leadership*

Der Oikonomikos von Xenophon[2] (426–350 v.Chr.) – einer der wichtigsten Sokratiker, der den Meister Sokrates auch noch persönlich kannte – ist das erste uns bekannte Beispiel antiker Wirtschaftsliteratur. Er enthält zwei Dialoge, in denen Xenophon Sokrates (470–399 v.Chr.) zur Trägergestalt seiner eigenen Erfahrungen macht. Die Fähigkeit zu führen ist eines der zentralen Themen des Oikonomikos und der Philosophie Xenophons im Allgemeinen. In einem der Dialoge gibt Xenophon ein von Sokrates referiertes Gespräch wieder, in dem der Gutsbesitzer Ischomachos Sokrates die Bedeutung der Führenden und die entsprechenden Ausbildungsmöglichkeiten beschreibt – wobei er Vorbild, Erfahrung, Wissen und Talent sowie Regeln zur Einbindung, Motivation und Entlohnung der Mitarbeiter betont.

Im Gespräch mit Ischomachos sagt Sokrates: »Wenn sich der Herr während der Arbeit sehen lässt, der die schlechten Arbeiter hart strafen und die guten Arbeiter großzügig belohnen kann, und wenn die Arbeiter nicht mehr als das Übliche leisten, dann möchte ich ihn nicht bewundern. Wenn sie sich aber bei seinem Anblick in Bewegung setzen, wenn allein seine Anwesenheit in jedem Arbeiter Mut, Wetteifer untereinander und Ehrgeiz, sich hervorzutun, bewirkt, dann würde ich sagen, dass dieser Herr etwas vom Charakter eines Königs hat [...] Doch, bei Zeus, ich sage nicht, dass man das durch bloßes Zuschauen erlernen kann oder indem man es einmal gehört hat, ich behaupte aber, dass für den, der darin Erfolg haben will, Erziehung Not tut, eine gute körperliche Verfassung zu Gebote stehen und, was am wichtigsten von allen ist, ein göttlicher Funke innewohnen muss. Denn mir scheint dieses Glück, Leute zu führen, die gerne gehorchen, durchaus nicht allein von menschlicher, sondern von göttlicher Art zu sein. Es wird offenbar denen zuteil, die wahrhaft von vollendeter Weisheit sind.«[3]

*Sokrates erklärt Leadership*

Am Ende des Gesprächs sind sich sowohl Sokrates als auch Ischomachos einig, dass das Wichtigste für den Erfolg des Unternehmens ist, dass jemand die Fähigkeit zur Führung, Anregung und Motivation der Menschen besitzt, ihren Bemühungen einen Sinn gibt, oder, mit anderen Worten, *Leadership* beweist.

Die folgenden Aspekte aus dem oben zitierten Gespräch sind noch heute aktuell[4]:

- *Leadership* heißt, »Leute zu führen, die gerne gehorchen« – was etwas ganz anderes ist, als seine Macht gegen Mitarbeiter einzusetzen, die diese Autorität nicht anerkennen.

*Menschen führen, die gerne gehorchen*

- So verstanden, eignet sich *Leadership* nicht nur für wirtschaftliche Tätigkeiten, sondern für alle Tätigkeiten des Menschen, und zwar unabhängig von der jeweiligen Verantwortungsstufe.
- *Leadership* ist keine angeborene charismatische Gabe. *Leadership* lässt sich erlernen, wenn bestimmte natürliche Anlagen vorhanden sind, wobei der Lernprozess viel länger und komplexer ist als der, mit dem die Methoden und Werkzeuge des Managements gelernt werden.
- In diesem Ausbildungsprozess muss es gelingen, »von vollendeter Weisheit« zu werden. Im antiken Griechenland bedeutet das, gerecht zu handeln, sich den sich ändernden Zeiten gemäß zu verhalten und zu beachten, dass Situationen und Umstände niemals die gleichen sind.
- Das alles ist nicht einfach und verlangt den höchsten Einsatz, den Sokrates mit dem »Charakter eines Königs« vergleicht. Er versteht darunter Gerechtigkeit, Mut, Mäßigung und Klugheit, also Tugenden, die zeitlos sind.

Begabung, Wissen und Erfahrung

Sokrates und seine Schüler engen den Begriff von Leadership auf die positiven, konstruktiven und dauerhaften Handlungen oder Unterlassungen der Person oder Gruppe von Personen ein, die eine Unternehmung auf dem schwierigen Weg in die Einzigartigkeit führen. Der sokratische Begriff von Leadership kann kaum auf die heute bekannte Figur des superaktiven, egozentrischen, berechnenden und aggressiven Managers angewendet werden.[5] Leadership hängt einerseits von der natürlichen Begabung eines Menschen ab und von dem, was er daraus gemacht hat, andererseits von seinem Wissen und seiner Erfahrung.

Leadership als Untersuchungsgegenstand

In der Zwischenzeit sind die Dinge in Theorie und Praxis natürlich viel komplexer geworden. Die theoretischen wie empirischen Beiträge zum Thema Leadership, die heute Bibliotheken füllen, sind trotzdem nichts anderes als Weiterentwicklungen des sokratischen Begriffs von Leadership

*Die drei Schlüsselelemente von Leadership*

Grob gesprochen, ergeben sich daraus zunächst als Schnittmenge die Schlüsselelemente

- eine Vision entwickeln,
- Werte schaffen und die Richtung einhalten und
- Vorbild sein.

Wer führen will, muss also[6]:

- eine Visionär sein: Er muss den Siegeswillen anspornen, indem er eine Vision in die Herzen seiner Mitarbeiter hineinträgt, die eine Richtung angibt, Sinn vermittelt und das Unternehmen auf Resultate hin bewegt;
- kurzfristig Ergebnisse erzielen und langfristig das Unternehmen stärker machen, d.h. in einer Langzeitperspektive Wohlstand für alle Partner schaffen, er muss mit anderen Worten die Richtung einhalten und ständig überprüfen sowie die Teamarbeit fördern und das Mannschaftsspiel steuern,
- ein Vorbild sein und Mut beweisen. Effizient kommunizieren sowie Mitarbeiter anregen und in positivem Sinn in Bewegung setzen und halten kann nur, wer selbst ein Beispiel gibt und Risiken einzugehen bereit ist.

*Leadership:*
*Visionär sein*

*Richtung einhalten und Werte schaffen*

*Vorbild sein*

Im Unterschied zu Leadership ist *Management* das kreative Lösen von Problemen oder, anders ausgedrückt, das Optimieren von etwas Bestehendem. Dafür gibt es eine Vielzahl von Methoden, Instrumenten und Einstellungen, mit denen das Unternehmen ihre Wettbewerbsposition verbessern und Wettbewerbsvorteile erzielen kann. Management lässt sich deshalb leichter erlernen als Leadership.

Führende brauchen je nach Situation beides: Leadership und Management. Leadership und Management ergänzen sich wie Yin und Yang (Abb. 1), keines ist ohne das andere möglich. Der häufig genannte Gegensatz von Leadership und Management macht deshalb keinen Sinn.

Abb.1: Die Einheit von Management und Leadership

Vision
Die Fähigkeit, eine *Vision* in die Herzen der Mitarbeiter zu tragen, zählt allgemein zu den Voraussetzungen für Leadership. Diese Vision ist kein Ziel, sie ist ein »Wunschtraum«, der später in einem »Entwurf« konkretisiert wird. Leadership ist somit die Fähigkeit, eine Richtung anzugeben, die Sinn ergibt und zu Resultaten führt. Dazu sind sowohl rationales Denken wie auch Intuition und Emotionen notwendig.

Werte schaffen
Werte für die Kunden, die Mitarbeiter oder die Anteilseigner lassen sich nur schaffen, wenn die Richtung eingehalten wird. Leadership heißt deshalb zweitens, die Richtung einzuhalten, am »Steuer zu sein«; heißt, Mitarbeiter zu führen, anzuregen, in die Lage zu versetzen, sich begeistert für gemeinsame Ziele einzusetzen, die in die Richtung der Vision führen. Die Richtung einzuhalten bedeutet auch, das irrationale Element der Führung zu würdigen, die Mitarbeiter in der Planung und Umset-

zung selbstständig denken und handeln zu lassen, dabei die Leitung doch in der Hand zu haben. Dadurch lässt sich das Höchste an Leistung aus den Einzelnen und dem Ganzen in freier Entfaltung der Kräfte aller herausholen. Damit ist die Fähigkeit zur Teamarbeit und zum Mannschaftsspiel verbunden. Leadership hat die Aufgabe, die richtigen Leute auf die richtigen Aufgaben zu konzentrieren, sie einzubinden und ihnen zu helfen, noch besser zu sein als sie es selbst für möglich halten. Leadership bedeutet somit Teamwork und Networking.[7]

Eine solche Führung verlangt die Selbsttätigkeit der Mitarbeiter, ihren Einsatz im Mannschaftsspiel als lebendige Teilnehmer, die imstande sind, von sich aus und auf sich gestellt die im Rahmen des Ganzen angemessenen Entscheidungen zu treffen, wenn, wie so oft, Unvorhergesehenes das ursprüngliche Vorhaben zu stören droht. Die dritte Charakteristik von Leadership bezieht sich auf die *Vorbildfunktion*. Es geht darum, ein Vorbild zu sein, indem man lebt, was man predigt oder, wie die Amerikaner sagen, *Walk the Talk*. Wirksam kommunizieren, andere anregen und in positivem Sinn in Bewegung setzen kann nur, wer selbst ein Beispiel gibt. Er muss Engagement zeigen, Mut beweisen, Begeisterung ausstrahlen, ethische Werte vorleben, Energien freisetzen und Innovationen fördern. Dies gelingt nur dem, der authentisch ist.

Diese drei Schlüsselelemente lassen sich nur durch eine Gesamtheit von Eigenschaften und Verhaltensweisen erreichen.
- Im Stande sein, a) Probleme zu lösen, b) die Zukunft zu anti- **Können** zipieren und c) Mitarbeiter zu inspirieren. Hierzu gehört auch, sich selbst und andere so lange zu entwickeln, bis man selbst ersetzbar wird.
- Kohärenz, und zwar in der Übereinstimmung von Worten **Kohärenz** und Taten, Konstanz des Wertesystems und Gerechtigkeit in den Beziehungen zu den Mitarbeitern und zu dritten. Kohärenz heißt auch, Entwicklungen laufend zu überwachen und das Team zu einem Kurswechsel zu veranlassen, wenn sich neue Möglichkeiten zeigen oder schlecht kalkulierte Risiken auftreten. Kohärenz bedeutet, die Veränderung vorzuleben, die man predigt und in den anderen sehen möchte.
- Mut ist eine weitere, unabdingbare Voraussetzung von Lea- **Mut** dership. Mut ist nach Hemingway »Standhaftigkeit unter äuße-

rem Druck«. Leadership heißt aber auch, in schwierigen Situationen anderen Mut zu machen. Dazu braucht es Vertrauen in die eigenen Fähigkeiten, mit problematischen Situationen, die einen unvorbereitet treffen, erfolgreich umzugehen.

- Aktives Zuhören • Aktives Zuhören heißt, um sein Nichtwissen zu wissen. Wer aktiv zuhört, lädt den anderen zu geistiger Zusammenarbeit und zur gemeinsamen Konstruktion der Wirklichkeit ein. Unternehmer und Führungskräfte, die ihr eigenes Nichtwissen oder die eigene Unfähigkeit akzeptieren, für alle Probleme eine Antwort bereit zu haben, und dies auch zugeben, fordern die Mitarbeiter gleichsam zur geistigen Mitarbeit und Mitverantwortung in der Formulierung und Umsetzung der Strategien auf. Dazu müssen sie allerdings den Mitarbeitern Ihre strategischen Absichten vermitteln. Es geht im Grunde darum, den Mitarbeitern die Fähigkeit des »Lernen-Lernens« vorzuleben.
- Integrität • Integrität, also das Leben und Vorleben ethischer Werte, ist ein weiterer Aspekt, der das Überleben der Unternehmung mittel- bis langfristig garantiert. Die oberste Führungskraft ist gefordert, indem sie sich selbst klar vom Macht- und Geldstreben löst und Möglichkeiten entwickelt, das Unternehmen erfolgreich in die Zukunft zu führen. Ethische Überlegungen allein sind genauso wie Mitgefühl nur Alibi-Übungen, wenn sie nicht generell akzeptiert, gelebt und vorgelebt werden. Die Notwendigkeit, dass ein Führender auch Mitgefühl besitzt, weist darauf hin, dass er die Stärken und Schwächen seiner Mitarbeiter erkennt. Er ist fähig, sich in die Lage der anderen zu versetzen, deren Ergebnisse zu beurteilen und anzuerkennen und sieht davon ab, sich selbst zu einem Mythos zu stilisieren.[8]
- Entschlossenheit • Entschlossenheit bedeutet, hohe und erreichbare Ziele überzeugend darzulegen und diese auch zu erreichen. Entschlossenheit heißt auch, ständig etwas weiter zu streben als die Mitarbeiter es für möglich erachten.
- Glaubwürdigkeit und Großzügigkeit • Glaubwürdigkeit, d.h. die Übereinstimmung von Worten und Handlungen oder die Einheit von Wissen und Tun, und die Zuverlässigkeit, mit der die Mitarbeiter rechnen können, sind weitere Attribute eines Führenden. Beide haben ihre Grundlage in der Großzügigkeit, mit der Führende den Mitarbeitern ihr Wissen, ihre Kompetenz und ihre Zeit zur Verfügung stellen. Dies gelingt dadurch, dass sie die Beiträge anderer konstruktiv aufgreifen und weiterentwickeln.

Im Grunde sind diese Attribute eines Führenden nichts anderes als differenzierte Ausprägungen der klassischen Tugenden: Klugheit, Mut, Mäßigung und Gerechtigkeit. Aus dem Vernunftcharakter der Tugenden folgt, wie wir sehen, die, zumindest partielle, Lehr- und Lernbarkeit von Leadership.[9]

Leadership ist ein »Mannschaftsspiel«. Es ist Aufgabe eines Führenden, ein Team, häufig sogar mehrere Teams gleichzeitig, zu führen und dabei gemeinsam sowohl die Zukunft zu gestalten als auch die Gegenwart zu optimieren. Die Kunst der Führung besteht darin, alle Mitglieder des oder der Teams auf Ziele auszurichten, die im gemeinsamen Interesse sind, und sie zu bewegen, sich mit all ihren Kräften für deren Erreichung zu engagieren. Dazu müssen, wie wir sehen werden, die kognitiven und emotionalen Aspekte der Entscheidungs- und Veränderungsprozesse angesprochen werden.

<small>Leadership als Mannschaftsspiel</small>

Leadership ist eine *Einstellung*, die man wollen muss, weil sie eine radikale Änderung der eigenen Lebensweise verlangt. Bei Leadership geht es somit nicht nur darum, ein Unternehmen oder einen Unternehmensteil erfolgreich in die Zukunft zu führen, sondern auch sich selbst zu verwandeln. Leadership ist eine kontinuierliche Aufforderung an jeden, der diese Einstellung will, sich selbst umzuformen. Im Grunde ist Leadership gelebte, praktische Weisheit im Dienst des Unternehmens, d.h. strategisches Denken und Handeln in einer ganzheitlichen und langfristigen Perspektive. Leadership beinhaltet eine innere Verpflichtung gegenüber dem Unternehmen und dessen Stakeholdern.

<small>Praktische Weisheit</small>

### Perspektiven unterschiedlicher Leadership-Theorien

> »Finde Freude und Ruhe in einer einzigen Sache, in dem du von einer Handlung, die für die Gemeinschaft nützlich ist, zu einer anderen, für die Gemeinschaft nützlichen Handlung fortschreitest.«
> Marc Aurel

Es gibt eine Reihe von unterschiedlichen Leadership-Theorien, die versuchen, eine zusammenhängende Weltanschauung für unternehmerisches Denken und Handeln zu vermitteln.[10]

**Strategic-Leadership-Theorie** Nach der Strategic-Leadership-Theorie ist der Erfolg des Unternehmens primär das Ergebnis der Wertesysteme und mentalen Modelle der Führenden. Jedes Unternehmen ist der verlängerte Schatten der Führungspersönlichkeit an der Spitze. Die Strategic-Leadership-Theorie verknüpft Werte, Ziele und Handeln der Führenden zu einer Einheit, wie sie bereits von den Stoikern, insbesondere von Marc Aurel, gelebt wurde.

**Principal-Agent-Theorie** Die Principal-Agent-Theorie reduziert die Rolle der Führenden auf die von Agenten der Aktionäre – den Principals. Nach dieser Theorie verfolgen Führende zunächst einmal eigene Interessen, wenn dies die Höhe und Sicherheit ihres Einkommens positiv beeinflusst. Diesem Treiben versuchen die Anteilseigner durch entsprechende Formen der Corporate Governance Einhalt zu gebieten. Diese Theorie weist eine Reihe von Schwächen auf. Sie unterstellt, dass Führende nur am Entgelt, nicht aber an der Aufgabe selbst interessiert sind.

**Persönlichkeitstheorie** Die Persönlichkeitstheorie, die bestimmte Merkmale der Führungspersönlichkeiten beschreibt, kann dazu beitragen, die narzisstischen Züge mancher Führenden aufzudecken. Diese sind häufig so in ihr eigenes Bild verliebt, dass sie sich eher um große Projekte kümmern, die ihr eigenes Selbst erhöhen, als um die Bedürfnisse und Sorgen der Anteilseigner.

**Transformational Leadership-Theorie** Die Transformational-Leadership-Theorie betont vor allem die Vertrauensbeziehung zwischen Führenden und Geführten. Nach dieser Theorie verfolgen die Führenden stärker die Interessen der Mitarbeiter als die der Anteilseigner. Darüber hinaus kann die Dominanz einer charismatischen Führungspersönlichkeit den Aktionsraum des Unternehmens einengen.

**Context-Leadership-Theorie** In der Context-Leadership-Theorie wird das Umfeld untersucht, in dem Führungsverantwortliche leben. Leadership ist demnach eine Funktion des Kontexts, die sich von Unternehmen zu Unternehmen und von Branche zu Branche unterscheidet und somit nur begrenzt übertragbar ist. Dies ist nichts Neues und findet sich bereits bei Sokrates.

Keine dieser Theorien vermag für sich allein komplexes Führungsverhalten zu erklären. Die beste Orientierung für die praktische Lebensführung der Unternehmer und Führungskräfte gibt nach meiner Erfahrung die Grundhaltung der Stoiker:

- Halte deine Vorstellungen unter Kontrolle, gebrauche sie vernunftgemäß und achte gut auf die Urteile, durch die du den Dingen subjektiv Wert beilegst oder nicht;
- strebe nach dem, was in deiner Macht steht und akzeptiere die Dinge, die nicht in deiner Macht stehen;
- handle gerecht, das heißt, verbinde das, was gut für die anderen ist, mit dem, was gut für dich ist.

Die stoischen Grundlagen der praktischen Lebensführung

Auf diese drei stoischen Führungsprinzipien soll im Folgenden näher eingegangen werden.

### Die drei stoischen Führungsprinzipien

»Sage dir immer: Ich kann, wenn noch so einsam, an allen Orten glücklich sein; denn glücklich ist, wer sich selbst ein glücklich Los bereitet, dies ist: gute Vorstellungen, gutes Streben, gute Handlungen.«

Marc Aurel

Wenn wir heute die »stoische« Ruhe und Gelassenheit eines Menschen bewundern, so sind sich die wenigsten von uns bewusst, dass dieser Ausdruck auf ein öffentliches Gebäude im alten Athen, der Stoa poikile, zurückgeht. In dieser Säulenhalle begründete Zenon seine Philosophenschule, die Schule der Stoiker. Wesentlich bekannter als die Vertreter dieser älteren Stoa sind die Hauptvertreter der jüngeren Stoa, wie beispielsweise der römische Staatsmann, stoische Philosoph und Dichter Seneca (um 4 v.Chr.–65 n.Chr.), der dem innersten Führungskreis des römischen Imperiums während vieler Jahre angehörte, der Kaiser Marc Aurel (121–180 n.Chr.) oder der als Sklave geborene Epiktet (ca. 50–130 n.Chr.). Die »Selbstbetrachtungen« des Kaisers und das »Handbüchlein der Moral« des Sklaven legen die stoischen Grundlehren in einprägsamer Form dar.

Stoa noch heute aktuell

Für die Menschen des Altertums im Allgemeinen und für die Stoiker und für Marc Aurel im Besonderen war die Philosophie praktische Lebenskunst. »Von der Stoa kennen heute auch unter denen«, schreibt Max Pohlenz, »die sich zu den gebildeten Schichten rechnen, so manche kaum mehr als die ›stoische Ruhe‹ und sind sich dann auch noch nicht ganz sicher, ob sie darunter Seelengröße oder etwas wie Stumpfsinn zu verstehen haben. Dabei ist die Stoa ein halbes Jahrtausend in der Menschheitsgeschichte eine lebendige, führende Macht gewesen, die Unzähligen einen religiösen und sittlichen Halt bot, ihnen den ersehnten Frieden der Seele brachte und das gesamte Geistesleben befruchtete.«[11] Die stoische Weltanschauung hat in Goethe, Kant, in den französischen Moralisten, in Friedrich dem Großen und Moltke, in De Gaulle und Hammarskjöld bis auf den heutigen Tag fortgewirkt.

**Stoa: Weltanschauung des Handelns**

Es gibt in der Stoa wie in jeder Lebensphilosophie eine Reihe von Punkten, die überholt und heute nicht mehr aktuell sind. Ich greife die Kernanschauungen heraus, die, so bin ich überzeugt, für die Menschen und Führenden unserer Zeit von praktischem Wert sind. Die Stoa war nämlich im Gegensatz zu anderen Weltanschauungen immer eine Weltanschauung des Handelns.

**Die praktische Ethik der Stoa**

| Gründer: | Zenon von Kition (333 – 262 v. Chr.) |
|---|---|
| Hauptvertreter Ältere Stoa: | Chrysippos (281 – 208 v. Chr.) |
| Hauptvertreter Jüngere Stoa: | Panaitos (2. Jh. v. Chr.) |
| | Poseidonios (ca. 135 – 50 v. Chr.) |
| Hauptvertreter Kaiserzeitliche Stoa: | Seneca (4. v. Chr. – 65 n. Chr.) |
| | Epiktet (50 – 120 n. Chr.) |
| | Marc Aurel (121 – 180 n. Chr.) |

| Hauptaussage: |
|---|
| Die stoische Philosophie ist eine praktische Lebenskunst. |
| Sie umfasst das ganze Leben des Menschen, d.h. seine Werte, Ziele und Handlungen. |
| Über den Wert des Menschen entscheiden die innere Haltung und die Leistung |
| Das Lebensideal ist die harmonische Persönlichkeit, die alle Anlagen zur Entfaltung bringt und sich jeder Lebenslage gewachsen zeigt. |
| Die Grundstimmung ist das ehrfurchtsvolle Staunen über die Schönheit, Größe und Zweckmäßigkeit der Natur. |

| **Würdigung:** |
|---|
| Die stoische Philosophie beherrscht das Denken und Handeln der Griechen und Römer über fünf Jahrhunderte. |
| Das Christentum siegt über die Stoa, indem es wesentliche Inhalte übernimmt. |
| Die Stoa betont den absoluten Wert des Sittlichenguten. |
| Die Entwicklung der Vernunft ermöglicht eine konsequente Lebensführung nach den allgemeinen Gesetzen der Vernunft. |
| Sie lehrt uns, im Glück wie im Unglück die gleiche Haltung zu wahren. |

| **Literatur:** |
|---|
| Epiktet: Handbüchlein der Moral und Unterredung, Stuttgart 1978 |
| Marc Aurel: Wege zu sich selbst, Zürich 1974 |
| Hadot, P.: Wege zur Weisheit, 2. Auflage, Berlin 1999 |
| Hadot, P.: Die innere Burg, Berlin 1997 |
| Pohlenz, M.: Die Stoa, 7. Auflage, Göttingen 1992 |
| Seneca: Vom glückseligen Leben, Stuttgart 1978 |

*Abb. 2: Die stoische Philosophie im Überblick*

Es sind vor allem drei Grundeinstellungen der stoischen Weltanschauung, die für die Führenden unserer Zeit brauchbar sind (Abb. 3):
1. die Disziplin des Werturteils oder der Vorstellungen,
2. die Disziplin des Strebens oder der Ziele und
3. die Disziplin des Handelns.

Wenn wir diese drei Führungsprinzipien anwenden, sind wir gleichsam in einer »inneren Burg«[12]. In diese »innere Burg« dringt keines der Außendinge ein. Wir sind darin gleichsam in einer uneinnehmbaren Lage, oder, anders ausgedrückt, Herren über unser Innenleben. Im Sufismus, der mystischen Bewegung des Islam, wird die »innere Burg« als »ummauerter Garten des Herzens« bezeichnet.[13] Denn wir haben immer die Möglichkeit, aus allem, was uns passiert, das Beste zu machen. Daran kann uns keiner hindern.

*Wege zur »inneren Burg«*

Diese drei stoischen Grundprinzipien haben das Denken und Handeln Marc Aurels, des Herrschers über das größte Weltreich seiner Zeit, geleitet. Ich bin der Meinung, dass sie auch für Führende unserer Zeit brauchbare Führungsprinzipien sind, denn es steht in unserer Macht:
1. sorgfältig auf unsere Vorstellungen zu achten und sie vernunftgemäß zu gebrauchen (unser Werturteil),

Abb. 3: Die drei stoischen Führungsprinzipien (in Anlehnung an Hadot, 1996)

2. die Welt nach Maßgabe unserer Vorstellungen und Möglichkeiten zu verändern oder, falls dies nicht möglich ist, sich den gegenwärtigen Verhältnissen mit Gelassenheit anzupassen (unser Streben) und
3. sich gerecht gegenüber den Menschen zu verhalten (unser Handeln).

### Gebrauche deine Vorstellungen vernunftgemäß

»Nicht die Tatsachen selbst beunruhigen die Menschen,
sondern die Meinungen darüber.«
Epiktet

Es sind bekanntlich nicht die Dinge, die uns erregen und unser Handeln bestimmen, sondern das Urteil, durch das wir ihnen subjektiv Wert zuweisen oder nicht. Wir legen in die Dinge selbst unsere Unruhe und unsere Probleme hinein. Marc Aurel sagt: »Wenn du dir über ein Außending Sorgen machst, ist es nicht das Außending, das dich bedrückt, sondern dein Urteil über dieses Ding«[14]. Wir selbst schreiben den Dingen unsere Sorgen und Ängste zu. Wir selbst können, wenn wir es wollen, den Wert der Dinge durch unser Werturteil beeinflussen. Mit anderen Worten: Die Dinge sind in ihrem Wert das, was wir wollen, dass sie es sind. Es wirken nur unsere Vorstellungen auf uns ein, und auch das nur, wenn wir ein Werturteil hinzufügen.

*Das Werturteil ist entscheidend*

Wie Werturteile wirken:

Die Tatsache, dass sich unsere zwei stärksten Konkurrenten in einem neuen Unternehmen zusammenschließen, ist nicht beunruhigend. Erst unser Urteil, durch das wir dem neuen Konkurrenten ein ganz bestimmtes Wettbewerbsverhalten zuschreiben, kann uns erregen oder gleichgültig lassen. Unser Werturteil bestimmt unsere Ziele und unsere Handlungen im Wettbewerb.

Was nicht von uns abhängt und was wir nicht ändern können, soll uns, um mit Epiktet zu sprechen, gleichgültig lassen. Das heißt nicht, dass wir kein Mitgefühl zeigen sollen. Mitgefühl zählt zwar zu den Emotionen, impliziert aber nach der Stoa rationales Denken: Einem Menschen ist ohne seine Schuld etwas Böses widerfahren, das auch uns hätte treffen können. Das aus dieser Überlegung erwachsene Mitgefühl mit dem anderen verknüpft das Ergehen des anderen mit unserem Eigeninteresse. Mitgefühl, d.h. die Einfühlung in den anderen, hat eine rationale Grundlage und ist somit erlernbar.

*Mitgefühl auch im Eigeninteresse wichtig*

Diese Sicht der Dinge deckt sich weitgehend mit der Erkenntnistheorie des Konstruktivismus. Nach dem Konstruktivismus gibt es keine objektive Wirklichkeit oder, falls es diese gibt, ist sie für uns nicht erkennbar. Die Erkenntnis einer absoluten Wahrheit ist deshalb nicht möglich. Wir »konstruieren« uns gleichsam die Wirklichkeit, indem wir Vorstellungen und Modelle entwickeln, die sich als brauchbar (»viabel«) für unsere Ziele und unser Handeln erweisen.[15] Im Unterschied

*Stoa und Konstruktivismus*

zum Konstruktivismus gibt es für die Stoa allerdings »absolute« Wahrheiten: das Sittlichgute und die Reinheit der Gesinnung oder des Willens. Der Mensch darf nach der Stoa nicht nach subjektivem Belieben die Wirklichkeit interpretieren und danach sein Leben einrichten; der Mensch ist nicht das Maß aller Dinge.

Wie die Konstruktivisten erklären auch Epiktet und Marc Aurel, dass nicht die Dinge unser Urteil bestimmen, sondern dass wir selbst es sind, die über ihren Wert entscheiden. Alles, so heißt es auch bei ihnen, ist schließlich nichts als Vorstellung, als Meinung, als Annahme, die allerdings brauchbar sein und in der Interaktion mit anderen Menschen geprüft werden müssen.

Äußere Reize gewissenhaft prüfen:

Wenn ein Unternehmer in einem Entwicklungsland Bestechungsgelder bezahlt, um Aufträge zu bekommen, so ist der Gewinn die äußere Ursache für sein Tun. Aber die entscheidende kann sie nicht sein, da andere Unternehmer dieser Versuchung widerstehen. Der Unternehmer greift erst dann zu unerlaubten Mitteln, wenn er die *Vorstellung*, der Gewinn sei unbedingt erstrebenswert, weil er Arbeitsplätze schafft oder andere Vorteile bringt, innerlich bejaht. Erst so kommt er zu seiner Entscheidung und zu seinem Handeln.

*Äußere und innere Ursache des Handelns* — Wir müssen also zwei Ursachen unterscheiden. Die eine, die von außen kommt, gibt den Anstoß, den äußeren Reiz. Die zweite Ursache kommt von innen: Entscheidend ist die *innere Stellungnahme*. Diese hängt davon ab, ob unsere Vernunft, auf der unsere sittliche Kraft beruht, stark genug ist, die lockende Vorstellung abzulehnen. Dies hängt im Einzelfall von vielen Faktoren ab. Der Unternehmer, der auf Grund seiner Kernkompetenz eine Position der Einzigartigkeit aufgebaut und durch eigene sittliche Arbeit an sich selbst diese innere Stärke erworben hat, sichert sich im Einzelfall nicht nur die freie Entscheidung, Nein zu sagen, sondern überhaupt die richtige innere Haltung gegenüber den Außendingen.

Die Disziplin der Vorstellungen bedeutet, dass wir nur die Vor- **Disziplin**
stellungen zulassen, die uns unseren Zielen näher bringen und
dass wir denjenigen Vorstellungen unsere Zustimmung verweigern, die uns von unseren Zielen abhalten. Es hängt von uns
ab, ob uns etwas ärgert oder Freude bereitet oder anders ausgedrückt: *Es kann mich niemand ärgern oder erfreuen, wenn
ich es nicht zulasse.*

Wenn uns Vorstellungen von Unsicherheit, Gefahren und
Schwierigkeiten für uns und das Unternehmen erschrecken und
unser Handeln bestimmen, kann die Disziplin des Werturteils
uns helfen: Wir prüfen die Vorstellung auf ihren Inhalt und
wenn wir zu dem Ergebnis kommen, dass dieser nicht von uns
abhängt oder unser Inneres nicht berührt, dann sagen wir: Du
bist nur eine Vorstellung und du gehst mich nichts an. Es ist also
gut, uns bei jeder unangenehmen Vorstellung zu fragen, ob sie **Die Zauberformel:**
Dinge betrifft, die in unserer Macht stehen oder solche, die **»Das geht**
nicht in unserer Macht stehen. Betrifft sie etwas, was in unserer **mich nichts an!«**
Macht steht, werden wir uns Ziele setzen und handeln. Betrifft
sie dagegen etwas, was nicht in unserer Macht steht, dann verhilft uns die Zauberformel »Du gehst mich nichts an«[16] zu innerem Frieden. Mit dieser Formel erkennen wir niemand anderen
als uns selbst als Herrn über unser Innenleben an. Alle menschlichen Geschehnisse, die nicht von uns abhängen, sind viel zu
klein und unbedeutend, um uns unser kostbarstes Gut, den
inneren Frieden und die innere Harmonie, zu rauben. Wenn
wir uns diese Lebensweisheit dauernd vor Augen halten, werden uns Schicksalsschläge nicht mehr so leicht aus der Ruhe
bringen. Wir werden wohl kurzfristig betroffen sein, aber unser
Gleichgewicht wir davon nicht gestört.[17]

### Strebe nach dem, was in deiner Macht steht

»Strebe nur danach, allein in dem etwas zu bedeuten, was
in deiner Macht steht, worin du der Tüchtigste sein darfst.«
Epiktet

Für die Stoiker wird der rechte Gebrauch der Vorstellungen **Wissen**
durch die Vernunft (d.i. Wissen plus dementsprechendes Ver- **+ Verhalten**
halten, um ein positives Ziel zu erreichen) zum Zentralbegriff, **+ positiver Zweck**
**= Vernunft**

der dem Menschen seine Überlegenheit gegenüber der Außenwelt ermöglicht. Es geht nicht darum, Intuition und Emotion auszuschalten, sondern darum, diese durch die Vernunft zu interpretieren.[18] Die Vernunft soll die Emotionen leiten und auch dem offensichtlich irrationalen Denken und Handeln der anderen bei den eigenen Entscheidungen seinen Platz einräumen. Die emotionalen und instinktiven Wurzeln des Handelns werden nicht verurteilt, sondern vernunftgemäß genutzt.

*Emotionen und Intuitionen diszipliniert nutzen*

In dem Maß, wie wir als vernünftige Menschen im argumentativen Diskurs ein brauchbares Bild der Wirklichkeit konstruieren, bleiben Abweichungen vorläufig und lassen sich überwinden. Deshalb spielen die Kulturwerte in der strategischen Führung eine immer wichtigere Rolle, denn jedes erfolgreiche Unternehmen ist immer auch eine *Wertegemeinschaft*. Einer der wichtigsten Führungswerte ist, sich am Gemeinsamen zu orientieren und zum Wohl des Ganzen beizutragen.[19] Vernunft ist nicht etwas, was im Kopf eines Einzelnen entsteht. Vernunft entsteht im Dialog und in der Interaktion zwischen den Menschen.

Der Vernunft folgen heißt nicht, zu Sklaven der Rationalität zu werden, indem man jeden Augenblick seiner Existenz durch die Vernunft kontrolliert. Der Vernunft folgen heißt, dem Ideal einer moderaten Vernünftigkeit folgen, die die Emotionen und die Intuitionen diszipliniert nutzt. Der Gleichgewichtspunkt liegt wie überall in der Mitte. Eine der elementarsten Forderungen der stoischen Ethik ist der Grundsatz,
- dass man die Dinge so akzeptieren muss, wie sie kommen;
- dass man sich auf das beschränkt, was man kann;
- dass man aber dafür sorgen soll, dass die Dinge so kommen, wie man sie nach Maßgabe unserer Möglichkeiten gerne haben möchte.

*Handeln unter Vorbehalt*

Allerdings muss man einräumen, dass das Ergebnis unseres Handelns immer unsicher ist. Wir haben niemals alle Rahmenbedingungen unter Kontrolle. Je mehr Dinge wir erreichen, besitzen oder vermeiden wollen, die nicht völlig in unserer Hand sind, desto mehr werden wir zu Sklaven des Schicksals und geraten in den Strudel der Ereignisse. Deshalb ist es gut, wenn wir mit den Stoikern die »Vorbehaltsklausel« gegenüber Erfolg und Misserfolg des Handelns einräumen.[20]

Handeln unter Vorbehalt heißt, dass wir in allen Entscheidungen damit rechnen müssen, dass die Dinge auch anders kommen können. Wenn die Zukunft unerkennbar ist, tun wir gut daran, in unseren Plänen den schlimmsten Fall, d.h. das Scheitern des Plans, zu berücksichtigen und die Strategie als »System von Aushilfen« zu entwerfen.

Dies wiederum stellt hohe Anforderungen an unsere kritische Urteilsfähigkeit; zu erkennen, was in unserer Macht steht und was nicht, verlangt Lebenserfahrung sowie tägliche Selbstprüfung. Was jedoch immer in unserer Macht steht, ist der gegenwärtige Augenblick: die Vorstellung, die wir jetzt haben, das Ding, nach dem wir jetzt streben und die Handlung, die wir jetzt ausführen. Das allein ist unsere Macht, denn wir leben nur den gegenwärtigen Augenblick.

Immer in unserer Macht steht der gegenwärtige Augenblick

In der Gegenwart leben bedeutet auch, dass wir der Vergangenheit nur insofern Rechnung tragen, als sie uns hilft, heute bessere Entscheidungen zu treffen. Die Zukunft beeinflusst unser Leben und Handeln in der Gegenwart in dem Maß, wie es uns gelingt, sie vorwegzunehmen und für unser gegenwärtiges Handeln zu nutzen.[21] Weil wir nur in der Gegenwart leben und handeln, sollten wir an Vergangenheit und Zukunft nur in dem Maß denken, wie sie für das Handeln im Hier und Jetzt nützlich sind. Vergangenheit und Zukunft existieren gleichzeitig in der Gegenwart. Sie sind mit zwei Strömen vergleichbar, die, aus entgegengesetzten Richtungen kommend, sich in der Gegenwart treffen.[22] Vergangenheit und Gegenwart interessieren nur in dem Maß, wie sie für das Handeln im Hier und Jetzt brauchbar sind.

In der Gegenwart leben

---

**Der gegenwärtige Augenblick steht immer in unserer Macht**

»Nur ein einziger Zeitpunkt ist wichtig – der *jetzige*. Und wichtig ist er, weil er der einzige Zeitpunkt ist, da wir Einfluss haben über uns; und der wichtigste Mensch ist der, mit dem Ihr zusammen seid, denn keiner kann wissen, ob er jemals mit einem anderen Menschen zu tun haben wird oder nicht; und die wichtigste Beschäftigung ist, ihm Gutes zu tun, denn allein zu diesem Zweck wurde der Mensch in dieses Leben geschickt.«

Leo Tolstoi

## Handle so, dass du das Nützliche für die anderen mit dem Angenehmen für dich selbst verbindest

»Mache dir immer den Vorbehalt, dass der äußere Erfolg ausbleiben kann, damit dein Seelenfriede nicht durch Enttäuschungen gestört wird.«
Epiktet

Klare Vorstellungen, hohe Ziele und vernunftgemäßes Handeln sind die drei Führungsprinzipien der Stoa. Handeln ist der einzige echte Prüfstein, um über den Wert der Vorstellungen und des Strebens für sich und andere zur Klarheit zu kommen.

**Handle gerecht** Den inneren Frieden gewinnt nur derjenige, der mit seinen Vorstellungen, Zielen und Handlungen vor sich selbst bestehen kann. Dies gelingt, wenn wir gerecht handeln. Damit ist das Leben gut für uns und gleichzeitig gut für die anderen. Die anderen – das sind die Kunden, die Mitarbeiter, die Anteilseigner, mit anderen Worten, die Stakeholder des Unternehmens. Den stoischen Grundsatz, gerecht zu handeln, drückt am schönsten Nasreddin Hoca (1208–1284), der türkische Volksweise und Geistliche aus dem 13. Jahrhundert, aus: Verbinde in allen Handlungen das Nützliche für die anderen mit dem Angenehmen für dich selbst.

Im Ergebnis geht es um die Synthese von uneigennützigen und egoistischen Motiven:

»Strebe in allen Lebensumständen stets danach, das Nützliche für die anderen mit dem Angenehmen für dich selbst zu verbinden.«
Nasreddin Hoca

**Die Absicht, gut zu handeln** Um eine Handlung beurteilen zu können, muss also die innere Einstellung des Handelnden berücksichtigt werden. Was zählt, ist die Gesinnung oder Absicht, gut zu handeln. Das ausgebildete und informierte Gewissen ist nach Erich Kästner eine Uhr, die immer richtig geht. Es ist ein unbestechlicher Richter über unsere Gesinnung. Seneca, der für den noch nicht volljährigen Nero die Leitung der Staatsgeschäfte übernahm, wurde nicht müde, den Menschen für den Anruf des Gewissens empfänglich zu machen: Nicht nur unsere Handlungen, sondern auch unsere Vorstellungen und Wünsche gilt es, auf ihre Gesinnung zu prüfen.[23]

»Das meiste von dem, was wir sagen und tun, ist nicht notwendig«, sagt Marc Aurel, »und wenn man es weglässt, hätte man mehr Freizeit und Ruhe. Man muss sich also bei jeder Handlung daran erinnern: Gehört sie vielleicht zu denen, die nicht notwendig sind? Man muss aber nicht nur die nicht notwendigen Handlungen weglassen, sondern auch die nicht notwendigen Vorstellungen. Denn so werden auch keine überflüssigen Handlungen nachfolgen«[24].

*Sich auf das Notwendige konzentrieren*

Die gute, ehrliche und aufrichtige Absicht allein ist selbstverständlich nicht ausreichend, sie muss sich in konkreten Maßnahmen und Aktionsplänen zeigen. Jede Absicht ist nur so groß, wie sie in eine positive Tat umgesetzt wird.

### Soll die Vernunft die Emotionen leiten?

> »Die Vernunft soll die Emotionen leiten.«
> Marc Aurel

Wer als Führender seine Pflichten aktiv wahrnimmt und nicht nur schön über sie zu reden weiß, ist nach Marc Aurel ein guter Führender. Auch er war sich, wie alle Stoiker, der Problematik von Vernunft (d.i. Wissen plus Verhalten plus positiver Zweck) und Emotionen bewusst. Zwischen der Vernunft und den Emotionen könne niemals ein Konflikt bestehen. Von einem Gegensatz zwischen beiden könne nur dort die Rede sein, wo die Vernunft zu schwach ist, sich der Emotionen für ihre – sittlich guten – Ziele zu bedienen.

Auch wir gehen heute davon aus, dass in unserer Entscheidungsfindung die Vernunft die Emotionen leiten sollte. Die kognitiven Neurowissenschaften zeigen jedoch, dass bei Entscheidungen mit einem ethischen Hintergrund die Emotionen eine wichtige Rolle spielen. Wenn es beispielsweise darum geht, zu

*Je mehr wir gegen das Gefühl entscheiden, desto länger brauchen wir*

entscheiden, welche Werbemittel in der Kommunikation nach außen eingesetzt oder welche Mitarbeiter bei gleichen Leistungen in welchen Altersklassen entlassen werden sollen, geben sehr häufig die Emotionen und nicht die Vernunft den Ausschlag.[25] Je mehr wir emotional engagiert sind, desto stärker werden unsere Entscheidungen von Emotionen geleitet. So zeigen die neurowissenschaftlichen Experimente des Center of Brain, Mind and Behavior der Princeton University, dass, auch wenn in moralischen Entscheidungsprozessen die Vernunft den Ausschlag gibt, die Entscheidungszeiten umso länger sind, je mehr die Vernunft den spontanen, emotionalen Antworten entgegensteuern muss.[26] Einfach ausgedrückt: Je mehr wir uns wider besseres Gefühl entscheiden, desto länger brauchen wir.

Die Experimente bestätigen die wichtige Rolle der Emotionen bei der moralischen Entscheidungsfindung. Sie geben uns jedoch keinen Anhaltspunkt dafür, wie wir uns in kritischen Situationen verhalten sollen. Damit kommen wir wieder zur stoischen Grundthese zurück, dass die Vernunft die Emotionen leiten soll, die Emotionen und damit natürlich auch die Intuition jedoch die vernunftgemäße Entscheidungsfindung beeinflussen (Abb. 4). Vernunft und Emotionen sind in gleicher Weise berechtigt. Wir müssen lernen, mit den Emotionen positiv umzugehen.

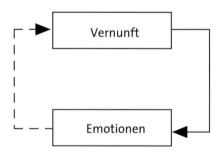

Abb. 4: Der zirkuläre Zusammenhang zwischen Vernunft und Emotionen

**Emotionen notwendig**

Die Entwicklung der Vernunft ist eng verbunden mit der Entwicklung der Intuitionen und der Emotionen: Neugier, Leidenschaft, Unzufriedenheit, Liebe, Hass und Freude können die Triebfedern für Forschung und unternehmerisches Verhalten sein.[27] Emotionen können der Vernunft eine Richtung geben. Andererseits können uns die Emotionen blenden und in die Irre führen. Emotionen können uns beherrschen oder bereichern. Genauso aber kann die Fähigkeit, vernunftgemäß zu denken und zu handeln, durch einen Mangel an Emotionen vermindert oder zerstört werden. Ein emotionales Defizit kann sogar zu irrationalen Verhaltensweisen führen. Emotionen können gut oder schlecht, positiv oder negativ, angenehm oder unangenehm sein; oft lassen sie sich auch nicht definieren.

Die Vernunft soll deshalb die Emotionen leiten und die »Herrin im Haus« sein. Diese Funktion erfüllt sie umso besser, je mehr sie sich der Emotionen bedient. Je besser die Vernunft entwickelt ist (und ständig weiterentwickelt wird), desto wirksamer kann der Kampf gegen Fehler, Illusionen und Selbsttäuschungen geführt werden. Die Stoa empfiehlt, die emotionale Komponente unter rationaler Kontrolle zu halten. Es geht dabei vor allem um die negativen Emotionen wie Hass, Gier, Gewalt, Unsicherheit, Angst und dergleichen mehr. Positive Emotionen wie z.B. Liebe, Selbstlosigkeit, Sicherheit, Standhaftigkeit, Mut, Lob, Anerkennung oder Unparteilichkeit mehr müssen daher durch die Vernunft gefördert und gezielt eingesetzt werden. Mitgefühl z.B. zählt zu den Emotionen, enthält aber auch eine rationale Dimension: Einen Menschen hat ohne seine Schuld ein Unglück getroffen, das auch uns hätte zustoßen können. Das daraus erwachsende Mitgefühl mit dem anderen verknüpft unser Eigeninteresse mit dem Schicksal des anderen. Mitgefühl wie auch die anderen Emotionen enthalten Rationalität und lassen sich deshalb anerziehen. Marc Aurel, wie die Stoiker überhaupt, glauben, der Respekt vor allen Menschen verlange es, beim Wagenrennen nicht fanatisch Partei für einen der lenker zu ergreifen.

*Positive Emotionen fördern*

### Risiko Angst

Angst ist im Stande, jede Initiative zu lähmen und das Unternehmen bewegungsunfähig zu machen. Wir laden gerade das ein, was wir fürchten, genauso wie wir durch die entgegengesetzte Einstellung die Einflüsse und Zustände herbeiführen, die wir erwünschen. Eine orientalische Geschichte vermag den Zusammenhang zu veranschaulichen. »Wohin gehst du?« fragt ein Derwisch, als er eines Tages der Pest begegnet. »Ich gehe nach Bagdad, um fünftausend Menschen zu töten«, lautet die Antwort. Einige Tage darauf trifft der Derwisch die Pest wieder bei ihrer Rückkehr. »Du hast mir gesagt, du wolltest nach Bagdad gehen und fünftausend Menschen töten«, sagt er, »aber stattdessen hast du fünfzigtausend getötet.« »Nein«, antwortet die Pest, »ich habe bloß fünftausend getötet, die anderen starben vor Angst.« Man sollte sich also niemals von der Angst beraten lassen; denn wenn die Angst das Denken und Handeln beherrscht, dann erhöhen die daraus resultierende Lähmung und Unsicherheit die Risiken und Gefahren der Strategie und Aktionspläne. Führungskräfte gewinnen nichts durch Angst. Sie können im Gegenteil dadurch alles verlieren.

**Führende brauchen emotionale Intelligenz**

D. Goleman bewegt sich mit seinem Buch »Emotionale Intelligenz« im Rahmen der Stoa. Seine zentrale Botschaft lautet: Wer gute Mitarbeiter anziehen und behalten will, muss zur emotional intelligenten Führungskraft heranreifen. Denn die Mitarbeiter trennen sich nicht von Unternehmen, sondern von schlechten Vorgesetzten.[28]

Goleman meint mit dieser Aussage nichts anderes, als dass die Vernunft die Emotionen leiten soll. Er versteht darunter vier Disziplinen:
1. Kenntnis der eigenen Emotionen und Selbstbewusstsein;
2. Selbstkontrolle, die Fähigkeit, seine Emotionen (vor allem negative Emotionen wie Angst, Ärger, Gier, Zorn, Abscheu usw.) unter Kontrolle zu halten;
3. Mitgefühl, sich in die Lage der anderen zu versetzen;
4. soziale Kompetenz.

Er weist anhand von empirischen Studien nach, dass:
1. die Ergebnisse eines Unternehmens umso besser sind, je besser die Stimmung auf den ersten beiden Führungsebenen ist;

2. 85 Prozent der Fähigkeiten, die eine durchschnittliche Führungskraft von einer herausragenden Führungskraft unterscheiden, in der Kontrolle der eigenen Emotionen durch die Vernunft liegen.

Zu guter Letzt lehrt die rechte Vernunft, dass alles, was das Schicksal einem bringt, mit unserer Gesinnung nichts zu tun hat. Es kann sowohl Gute als auch Schlechte treffen und ist darum nach stoischer Lehre an sich weder gut noch schlecht, sondern gleichgültig oder, wie Seneca, der römische Staatsmann, Bankier und Philosoph sagt, eine bloße Unbequemlichkeit. Es hängt alles davon ab, welchen Gebrauch wir von den Fügungen des Schicksals machen.

### Die neue Rationalität

> »Wage es, zu denken! Habe den Mut, dich deiner eigenen Intelligenz zu bedienen.«
> Immanuel Kant

»Jeder hat das Alter seiner Gedanken«: Dieser berühmte Ausspruch Karl Poppers macht deutlich, dass das Alter nicht vom Geburtsdatum an gemessen wird, sondern von der Art unseres Denkens abhängt. Alt ist der, der die neuen Probleme mit alten Gedanken angeht.

*Wir haben das Alter unserer Gedanken*

In einer Zeit, in der die einzige sichere Prognose die ist, dass keine Prognose zuverlässig ist, müssen wir die Unsicherheit, das Nicht-Vorhersehbare und das Irrationale berücksichtigen sowie die Ambiguität als rational ansehen. Die »reine Vernunft« Immanuel Kants (1724–1804), das lineare Denken, viele Modelle, die die Grundlage für unsere Art zu denken sind, reichen nicht aus, um in unserer Zeit »Herr der Situation« zu sein.[29] Die neue Rationalität besteht darin, Vernunft und Emotionen, Verstand und Intuition auf vielfältige und interdisziplinäre Art zu nutzen und dabei unabhängige Wissenselemente in der Interaktion mit anderen zu verbinden. Die neue Rationalität ist eine zirkuläre, offene und vernetzte Rationalität.[30]

**Fortschritt durch unvernünftige Menschen**

So beruft sich der englische Wirtschaftsphilosoph Charles Handy auf George B. Shaw, wenn er die These vertritt, dass jede Form von Fortschritt von unvernünftigen Menschen abhängt.[31] Er meint damit, dass sich vernünftige Menschen der Welt anpassen, wohingegen unvernünftige Menschen versuchen, die Welt den eigenen Vorstellungen anzupassen: Unternehmerische Veränderungsprozesse werden deshalb von unvernünftigen Menschen und somit vor allem von richtig geleiteten Emotionen und Intuitionen vorangetrieben.[32]

Die neue Rationalität meint, dass wir nicht zu Gefangenen linearer mentaler Modelle werden dürfen. Wir brauchen beides:
- die alte Rationalität, die auf linearem Denken, auf in der Vergangenheit aufgebautem Wissen und Können beruht und
- die neue Rationalität, die ihre Grundlage in zirkulärem, vernetztem, systemischem Denken hat, die Abenteuer und Experiment ist, Emotionen und Intuitionen einbezieht, die dem Zufall und dem Irrationalen seinen Spielraum lässt.[33]

Rational denken bedeutet, mit Ereignissen zu rechnen, die morgen eintreten könnten, heute jedoch nicht vorhersehbar sind.[34] Voraussetzung dafür ist Geschäftssinn, verbunden mit Liebe für eine gut gemachte Sache oder eine gut bereitgestellte Dienstleistung.

**Emotionen können zerstören oder bereichern**

Führende brauchen beides, alte und neue Rationalität, wenn sie Bestehendes optimieren und gleichzeitig die Zukunft gestalten wollen. Jede Emotion und auch jede Intuition hat eine bestimmte Funktion, sie gibt unseren Entscheidungen eine Orientierung, bestimmt unsere Werte, beeinflusst unsere mentale Gesundheit und insgesamt die Qualität unseres Lebens. Es liegt an uns, unsere Emotionen gezielt einzusetzen, auf vernunftgemäße Weise Begeisterung, Hoffnung, Mitgefühl oder Wohlwollen auszudrücken. Werden alle Emotionen ausgelebt und unbeherrscht nach außen getragen, können sie die Professionalität und die Glaubwürdigkeit eines Führenden, ja den Einsatz seines ganzen Lebens zerstören. Wenn die Emotionen dagegen von der Vernunft geleitet sind, bereichern sie unsere Persönlichkeit und unser Leben.[35]

## Das Ziel des Lebens

»Du hast nur das eine Ziel, dich täglich besser zu machen«
Seneca

Die Stoa ist eine rationale Weltanschauung: Die Vernunft soll die Emotionen leiten. Alles wäre in der Tat einfacher, wenn die Welt von der Rationalität geleitet wäre. Dem ist jedoch nicht so. Auch die Stoiker haben das irrationale und emotionale Element im menschlichen Denken und Handeln erkannt. Von einem von der Vernunft geleiteten Fortschritt hängt für Seneca aller Wert des Lebens ab. Nur der Fortschritt kann am Ende dazu führen, dass das Leben besser und statt eines bloßen Daseins ein rechtes Dasein wird.

Fragt man sich aber, woran sich erkennen lässt, dass man Fortschritte gemacht hat, so antwortet Seneca, dass nur die tägliche Prüfung darauf eine Antwort geben kann. Die tägliche Prüfung ist aber nur möglich, wenn wir unser Lebensziel kennen. Die wichtigste Aufgabe der praktischen Lebensführung ist die *richtige Bestimmung des Lebensziels*. Das Ziel, das wir uns selbst setzen, ist die Voraussetzung für eine einheitliche, richtige Lebensführung. Der Ursprung vieler Fehler ist ein falsches Urteil über das Ziel, an dem wir unsere Lebensführung ausrichten sollen. Das Wissen um das Ziel ist viel wichtiger als technische Kenntnisse, die wir uns im Bedarfsfall aneignen werden.

<small>Die Bestimmung des Lebensziels</small>

Damit sind wir bei der Frage nach dem Lebensziel angelangt. Diese Frage ist so alt wie die Menschheit. Sie kann nur individuell beantwortet werden. Die Stoiker haben hier einen Vorschlag[36]:
*Das Ziel des Lebens ist Folgerichtigkeit und Übereinstimmung mit sich selbst und stete innere Harmonie der äußeren wie inneren Lebensführung.*

Diese vielleicht schönste Definition des Lebensziels, die auch für uns als Richtschnur des Lebens dienen kann, geht auf Zenon, den Gründer der Stoa, zurück. *Folgerichtigkeit* heißt Kohärenz mit sich selbst, Übereinstimmung zwischen Wollen und Können oder, anders ausgedrückt, sich selbst treu zu blei-

<small>Kohärentes Leben</small>

ben. Ein kohärentes Leben ist ein Leben, das mit sich selbst und mit der Welt in Einklang ist. Was zählt, ist nicht das Ergebnis oder die Effizienz unseres Handelns, sondern die Absicht oder der Wille, gut zu handeln. Denn das Einzige, was letztlich von uns abhängt, ist unsere Absicht, ist der Sinn, den wir den Dingen und dem Leben selbst geben.

*Leadership als Lebensstil* Die Ausgeglichenheit und Geschlossenheit einer Führungspersönlichkeit zeigt sich in ihrem Lebensstil: Die ungezwungene Würde des Auftretens, der Sinn für Größenverhältnisse, Ziele und Ergebnisse, die Liebenswürdigkeit im Umgang mit den Mitarbeitern und Partnern des Unternehmens, das Design der Produkte, der Geschmack in der Einrichtung der Büros, mit anderen Worten, jedes Wort und jede unternehmerische Handlung sind Ausdruck derselben inneren Haltung. Sie sind gleichzeitig auch die äußeren Erscheinungsformen derselben inneren Harmonie. Als Ideal steht das Bild des Sokrates vor Augen, der »immer derselbe blieb« und in allen Lebenslagen die gleiche Sicherheit des Urteils, des Strebens und des Handelns sowie die gleiche lebensbejahende und heitere Stimmung bewahrt haben soll.

*Eine Definition von Glück* Glück beruht nach der Stoa auf innerer Freiheit. Innere Freiheit ist Unabhängigkeit nach außen wie nach innen. *Unabhängigkeit nach außen* ist Unabhängigkeit von allem Äußeren: von Besitz, Ansehen, Ruhm. Dies gelingt, wenn wir uns mit den Außendingen nicht identifizieren und ihnen mit angemessener Distanz gegenüberstehen. Die Außendinge haben für den Stoiker keine andere Bedeutung als das Bett im Hotel: Wir benutzen es, ohne unser Herz daran zu hängen.

*Unabhängigkeit nach innen* ist Unabhängigkeit von negativen Emotionen. Weise ist der, der sich weder durch seine Emotionen noch durch äußere Ereignisse aus der Ruhe bringen lässt. Die Vernunft muss deshalb unsere Emotionen leiten.

Glück besteht darin, die Ziele zu erreichen, die man sich selbst gesetzt hat und die hoch genug sind, um uns herauszufordern – vorausgesetzt, sie sind sittlich gut. Wir sind glücklich, wenn wir das erlangen, was wir wollen, wenn unsere guten Wünsche in Erfüllung gehen oder unter den wichtigsten Aspekten insgesamt ein mehr oder weniger großer Fortschritt in der nach unserer Vorstellung richtigen Richtung festzustellen ist. Jeder kann nur für sich selbst entscheiden, wann er glücklich ist und wann nicht. Es hängt von uns allein ab, welchen Vorstellungen wir unsere Zustimmung oder Ablehnung geben und welche Ziele für uns wichtig sind. Glück können wir nur in unserem eigenen Inneren erleben. Das Glück ist eine reine Privatsache.[37]

Denn glücklich ist der, der so lebt, wie er leben will, der so lebt, wie es ihm zusagt, der so lebt, wie er sich vorstellt, dass er leben soll.[38] Glück ist Übereinstimmung zwischen dem, der man ist, und dem, der man sein will.[39] Glücklich ist somit der, der in Harmonie mit sich selbst und seiner Welt denkt, handelt und lebt. In der Weltanschauung der Stoa bedeutet dies innere Harmonie der äußeren wie inneren Lebensführung. Konkret heißt das: Offenheit gegenüber dem, was um uns herum geschieht, Anteilnahme am Schicksal der anderen, Kampf gegen das Unrecht, das wir oder andere erleiden, mit anderen Worten, ein Leben nach den drei stoischen Führungsprinzipien.

*Glücklich ist der, der so lebt, wie er sich vorstellt, dass er leben sollte*

Wenn das Glück darin besteht, alle selbstgesetzten Ziele zu erreichen und die eigenen Bedürfnisse zu befriedigen, dann lässt sich die allgemeine Formel des Glücks wie folgt definieren:

*Die Glücksformel*

$$\text{Glück} = \frac{\text{Erreichung der selbstgesetzten Ziele}}{\text{Anzahl der Wünsche}}$$

Glück kann man somit auf zweierlei Weise erreichen, und zwar dadurch, dass wir uns hohe und herausfordernde Ziele setzen, die erreichbar sind und uns auf diese konzentrieren, und/oder, dass wir möglichst wenig Wünsche oder Bedürfnisse haben. Der erste Weg dahin bedeutet, dass wir uns nur solche Ziele setzen, die wir auch verwirklichen können. Wir müssen also wollen, was wir können und dürfen. Der zweite Weg besteht darin, in unseren Wünschen bescheidener zu sein und nur solche Wünsche zu haben, die erfüllbar sind. Wer glücklich werden will, muss sich beschränken auf das, was er kann und was für ihn möglich ist.

Die oberste Glücksregel lautet deshalb:
1. Setze dir nur solche Ziele, die du verwirklichen kannst,
2. entwickle nur wenige Wünsche und solche, die du befriedigen kannst.

*Glück ist das gute Fließen des Lebens*

**Erkenne, was zu tun ist, und tue es**

Die Glücksregel beruht auf dem Prinzip der Zweckökonomie: Glück liegt im Erreichen hoher und erreichbarer selbstgesetzter Ziele und im Maßhalten bei den Bedürfnissen oder Wünschen. Neben das »Erkenne dich selbst« stellen die Griechen den anderen Spruch »Nichts im Übermaß«, der auch für uns zum Leitsatz unseres Leben werden kann. Das »Erkenne dich selbst« ist für jeden, der einmal über die größte Eitelkeit hinaus ist, eigentlich nebensächlich. »Erkenne, was zu tun ist, und tue es« ist, um mit Hilty zu reden, viel wichtiger und zielführender. Im Glück wie im Unglück das Mögliche und Notwendige tun, das Übermaß zu meiden, sich nicht zu überheben, sich aber auch nicht niederdrücken zu lassen, ist ein Lebensgrundsatz. Die rechte Mitte ist der feste Grund, auf dem erfolgreiche Unternehmer ihre Strategien wie ihre Ethik aufbauen. Mehr als vor anderen müssen Führende vor sich selbst bestehen können. Das ist die stoische Überzeugung: Klare Einsicht und Herrschaft der Vernunft sind die Voraussetzungen für die rechte Lebensführung sowie für die Einstellung und Gesinnung, die zum Glück verhilft.[40]

### Der Leadership-Test zur Überprüfung der stoischen Grundlagen

> »Gib dich zufrieden, wenn es auch nur den kleinsten Fortschritt gibt und denke daran, dass dieses Resultat eben keine Kleinigkeit ist.«
> Marc Aurel

Mit diesem Test lässt sich die Tragfähigkeit der stoischen Grundeinstellung für die eigene praktische Lebensführung überprüfen. Links sind zu überwindende Haltungen aufgestellt, in der rechten Spalte im Gegensatz dazu die stoischen Prinzipien. Der Leser kann Ist- und Soll-Zustand miteinander vergleichen und auf seinen derzeitigen Zustand übertragen. Jeder möge hier seine eigenen Schlüsse ziehen, wo er gerade steht und wie viel Kraft und Zeit er aufwenden möchte, um der stoischen Idealhaltung näher zu kommen.

| Zu überwindende Haltung | Stoische Prinzipien |
|---|---|
| 1. Die Werte | |
| Das ökonomische Prinzip ist stärker als ethische Werte. | Das sittlich Gute ist nicht nur das Höchste, sondern das einzige Gut; es ist der Wert, dem alles untergeordnet werden muss. |
| Gut ist alles, was mich meinen materiellen Zielen näher bringt. | Gut ist nur, was mich innerlich fördert und den anderen nützt. |
| Meine Werte stammen von außen. | Ich trage die wahren Werte in mir selbst; ich bin frei, weil ich jede Vorstellung abweisen kann, die mich von den Außendingen abhängig machen will. |
| Emotionen leiten die Vernunft. | Die Vernunft soll die Emotionen leiten. |
| Menschen muss man nach den erreichten Zielen beurteilen. | Menschen darf man nur nach ihrem inneren Wert beurteilen. |
| 2. Die Disziplin der Vorstellungen | |
| Mein Werturteil hängt von den anderen ab. | Mein Werturteil hängt allein von mir ab. |
| Ich habe nicht die Kontrolle über meinen inneren Diskurs. | Es steht in meiner Macht, meine Vorstellungen unter Kontrolle zu halten. |
| Wenn ich mich über etwas aufrege, habe ich vergessen, dass der begangene Fehler den anderen betrifft. | Alle menschlichen Geschehnisse sind viel zu klein und unbedeutend, um mir mein kostbarstes Gut, den inneren |

| | |
|---|---|
| | Frieden und die innere Harmonie zu rauben. |
| Die Dinge erregen mich und bestimmen mein Handeln. | Meine Vorstellung, mein Urteil, durch das ich den Dingen subjektiv Wert beilege oder nicht, bestimmt mein Handeln. |
| Ich reagiere auf jede unangenehme Vorstellung. | Ich sage bei jeder unangenehmen Vorstellung: »Du bist nur eine Vorstellung und nicht gleich dem vorgestellten Gegenstand« und betrifft sie etwas, was nicht in meiner Macht steht und mich innerlich nicht berührt, dann sage ich: »*Du gehst mich nichts an!*« |

3. Die Disziplin des Strebens

| | |
|---|---|
| Ich richte mein Streben auf Dinge, die nicht in meiner Macht stehen, ich bin von der Außenwelt abhängig. | Ich beschränke mein Streben auf Dinge, die in meiner Macht stehen; ich wahre meine innere Unabhängigkeit und Freiheit. |
| Ich rege mich auf über Dinge, die nicht von mir abhängen. | Ich bin gleichgültig gegenüber Dingen, dich nicht von mir abhängen. |
| Ein mir zugefügtes Unrecht erregt mich. | Ein mir zugefügtes Unrecht betrifft mich nicht. |
| Was zählt, ist das Ergebnis. | Was zählt, ist nicht das Ergebnis, sondern die Absicht, gut zu handeln. |
| Ich ärgere mich. | Niemand kann mich ärgern, wenn ich es nicht zulasse. |

| | |
|---|---|
| Ich bin ein Sklave, wenn ich mich zum Knecht meiner Begierden und der Außendinge mache. | Ich versuche, meine innere Unabhängigkeit und Freiheit zu wahren und mein Leben nach eigenem Ermessen zu führen. |

## 4. Die Disziplin des Handelns

| | |
|---|---|
| Bei allen Handlungen kommt es auf das Ergebnis an. | Bei allen Handlungen kommt es auf die Gesinnung, auf den Geist an, aus denen heraus sie vollbracht werden. |
| Den inneren Frieden gewinne ich nur, wenn ich meine selbstgesetzten Ziele erreiche. | Den inneren Frieden gewinne ich nur, wenn ich mit meinem Denken und Handeln vor mir bestehen kann. |
| Ich bin mit meiner Rolle im Leben unzufrieden. | Das Leben weist jedem von uns eine Rolle zu; mir obliegt es, die mir übertragene Rolle gut zu spielen. |
| Alles hängt von den anderen und der Situation ab. | Alles hängt von meinen Werturteilen ab: mein Glück, mein Handeln, mein Wert für die Mitmenschen. |
| Ich schade mir nur selbst, wenn ich mich durch das Verhalten der anderen erregen und zu falschem Handeln hinreißen lasse. | Ich kann von anderen absolut keinen Schaden erleiden. |
| Es steht nicht in meiner Macht, mich gerecht gegenüber den Menschen zu verhalten und Gutes zu tun. | Es steht in meiner Macht, mich gerecht gegenüber den Menschen zu verhalten und Gutes zu tun. |

| | |
|---|---|
| Ich lebe in der Vergangenheit oder in der Zukunft. | Ich lebe nur den gegenwärtigen Augenblick und kann auch nur diesen verlieren. |

### 5. Das Ziel des Lebens

| | |
|---|---|
| Das Leben ist gut, wenn es gut für mich ist. | Das Leben ist dann gut, wenn es gut für mich und gut für die anderen ist. |
| Die Erreichung meines Lebensziels hängt nicht von mir ab. | Ich kann aus eigener Kraft mein inneres Lebensziel erreichen. |
| Das Ziel des Lebens ist das Erreichen der selbstgesetzten Ziele. | Das Ziel des Lebens ist Folgerichtigkeit und stete innere Harmonie der äußeren wie der inneren Lebensführung. |
| Der Ursprung vieler Fehler ist das falsche Urteil über den Zweck, den ich dem eigenen Leben geben soll. | Ich habe nur das eine Ziel, mich täglich besser zu machen. |

### Zusammenfassung für den eiligen Leser

»Lass dich nie in einen Wettkampf ein, in dem zu siegen nicht in deiner Macht steht.«
Epiktet

Was ist Leadership?

*Erkenne, was zu tun ist, und tue es*

- Es gibt eine Lebensweise (d.i. Leadership), die man als unternehmerisch charakterisieren kann und die der Lebensweise des Nicht-Unternehmers oder Nicht-Führenden radikal entgegensteht. Das unternehmerische Leben ist das Ergebnis einer existenziellen Entscheidung, die auf einer »Theorie« beruht. Diese »Theorie« rechtfertigt, motiviert

und beeinflusst die Lebenswahl, unternehmerisch zu denken und zu handeln.
- Unternehmerisch denken und handeln (d.i. Leadership) heißt, neue Möglichkeiten zu erschließen sowie auf andere Menschen einzuwirken, sie zu inspirieren und in die Lage zu versetzen, sich begeistert für Ziele und Veränderungen zu engagieren, die im gemeinsamen Interesse sind.
- Die Stoa (Philosophie der klassischen Antike) ist eine praktische Lebenskunst und eine brauchbare »Theorie«, die auf Grund ihrer offenen Weltanschauung dem Einzelnen, unabhängig von jeder äußeren Lage wie auch vom kulturellen Kontext, den Weg zu Leistung und innerer Haltung, zur Kohärenz mit sich selbst und zur inneren Harmonie zeigt.

Die Stoa hilft, das tägliche Leben zu ordnen, sofern man sie nur richtig lebt. Denn die Stoa lehrt, wie wir gesehen haben:
1. die Vorstellungen vernunftgemäß zu gebrauchen,
2. nach dem zu streben, was in unserer Macht steht, und
3. das, was gut für die anderen ist, mit dem zu verbinden, was gut für uns selbst ist.

Die Stoa lehrt, mit anderen Worten, wie man sich selbst diszipliniert, sie lehrt den Respekt vor dem Nächsten und wie man die anderen behandelt. Es gibt drei stoische Führungsprinzipien, die Wegweiser für das praktische Leben sind:

*Stoische Führungsprinzipien*

- die Disziplin der Vorstellungen: Gebrauche deine Vorstellungen vernunftgemäß oder, anders ausgedrückt, halte deine Vorstellungen unter Kontrolle; denn nicht die Dinge berühren uns, sondern unsere Vorstellungen von den Dingen: Niemand kann mich ärgern, wenn ich es nicht zulasse;
- die Disziplin des Strebens oder der Ziele: Strebe nach den Dingen, die in deiner Macht stehen und akzeptiere mit Gelassenheit die Dinge, die nicht in deiner Hand sind;
- die Disziplin des Handelns: Handle gerecht, d.h. handle so, dass du das Nützliche für die anderen mit dem Angenehmen für dich selbst verbindest.

Je besser wir unsere selbstgesetzten Ziele erreichen und je weniger Bedürfnisse wir haben, desto glücklicher wird unser Leben sein. Glücklich ist der, der so lebt, wie er sich vorstellt, dass er leben soll. Glück ist das »gute Fließen des Lebens«. Die

Art, wie wir das Neue wahrnehmen, das von allen Seiten auf uns zukommt, hängt davon ab,
- wie wir mit unseren Vorstellungen umgehen,
- welchen Wert wir den punktuellen Veränderungen zuschreiben und
- welches Gesamtbild wir aus diesen konstruieren, das Sinn für konkrete Ziele und Handlungen gibt.

Mehrere Punkte definieren noch keine Fläche, und mehrere Beobachtungen genügen nicht, den Sinn und die Richtung des Wandels zu bestimmen. Die partielle Sicht der Dinge führt in der Wirtschaft zu einer Verkürzung des ökonomischen Horizonts: Je tiefreichender und ausgedehnter der Wandel ist und je punktueller wir dessen Auswirkungen sehen, desto kurzfristiger wird unser Denken und Handeln. Diesen strategischen Fragen ist der nächste Abschnitt gewidmet.

### Und was sagt Nasreddin?

Äußere Umstände zwingen Nasreddin, ein Hirte zu sein. Ein Wanderer sagt zu ihm: »Es ist ein gutes Leben, Hirte zu sein.« »Gut oder nicht gut«, antwortet Nasreddin, »ich *bin* jetzt Hirte«.

*Eine Moral der Geschichte*

Wir spielen im Leben eine Rolle, z.B. als Führender, die wir häufig nicht selbst ausgewählt haben. Unsere Sache ist es, die uns zugewiesene Rolle ordentlich zu spielen.

## II  Die Strategie als Theorie des praktischen Handelns

Strategisches Denken ist positives Denken

> »Die größte Entdeckung meiner Generation ist, dass die Menschen ihr Leben ändern können, indem sie ihre Einstellung ändern.«
>
> William James

Hinter allen erfolgreichen Unternehmen gibt es eine erfolgreiche Strategie. Eine erfolgreiche Strategie ist auf den Kunden und seine Bedürfnisse ausgerichtet und versucht, die Zukunft zu antizipieren und, wenn möglich, zu gestalten. Die harte Realität der Turbulenzen der vergangenen Jahre hat jedoch den Handlungsspielraum der Strategie eingeengt und die Verbesserung der kurzfristigen, operativen Ergebnisse in den Vordergrund gestellt.

Die Strategie wird aber nicht nur durch die Ausrichtung der Unternehmen an kurzfristigen Ergebnissen vernachlässigt. Die meisten Strategietheoretiker haben eines übersehen: Der Schlüssel zum Erfolg liegt weniger im Markt, sondern vielmehr in den Menschen, die in den Unternehmen arbeiten, neue Möglichkeiten erschließen und Probleme kreativ lösen sowie in den Werten, Normen und Zielen, die diese Menschen verkörpern.[41]

*Die Mitarbeiter auswählen und entwickeln*

Erfolgreiche Strategien beruhen auf der Integration, Begeisterung und Motivation der Mitarbeiter, mit anderen Worten, auf Leadership. Erfolg haben langfristig die Unternehmer, deren Führungskräfte den Sprung von Gestaltern von Systemen zu *Entwicklern von Menschen* schaffen. In turbulenten Zeiten, in denen Unternehmen immer darauf vorbereitet sein müssen, neue, unerwartete Möglichkeiten zu nutzen oder schlecht kalkulierte Risiken zu beherrschen, ist es sinnvoll, mehr in Menschen und weniger in Systeme zu investieren.[42]

**Positiv denken**

Die Art, wie jemand denkt, ist das Ergebnis einer häufig unbewussten, jedoch immer korrigierbaren Entscheidung. Es liegt an uns, positiv zu denken. Positiv denken, heißt
- sich auf Chancen, auf Möglichkeiten, auf Entwicklungsperspektiven zu konzentrieren und nicht auf die Probleme;
- den Pessimismus für sich zu behalten;
- Heiterkeit und Lebensfreude auszustrahlen;
- aktiv nach dem zu streben, was in unserer Macht steht.

Jeder kann positiv denken, so wie jeder den Blick nach oben oder nach unten richten kann. Wir können entweder reaktiv oder proaktiv denken: Konzentrieren wir uns auf die Probleme, werden diese Größer. Konzentrieren wir uns auf die Lösungen und Chancen, entdecken wir neue Möglichkeiten. Worauf wir uns konzentrieren, bestimmt die Richtung unseres denkens und Handelns. Die entscheidung zwischen reaktiven und pro-aktiven Denken liegt bei uns.

Abb. 5: *Strategisches Denken ist pro-aktives Denken (in Anlehnung an Vannoy, 1994)*

Positives Denken entsteht im Inneren einer Person und wird vom gesellschaftlichen Umfeld beeinflusst Der Einfluss des Umfeldes steht im umgekehrten Verhältnis zur praktischen Solidität und zur Intelligenz der Person. Der Konformismus, viele Werte unserer Zeit, viele Erfolgsbeispiele können wohl die Motivation beeinflussen, entscheidend sind sie jedoch nicht, außer bei schwachen und unwissenden Menschen.

### Begriff und Arten der Strategie

>»Die Strategie führt die Truppen in das Kanonenfeuer, die Taktik im Kanonenfeuer.«
>W. v. Scherff

Etymologisch hat das Wort »Strategie« seine Wurzeln in der indo-europäischen Sprachenfamilie[43]:
*ag*: treiben, in Bewegung setzen, führen
*ster*: Schar, Volksmenge, Heer

Der Begriff stammt eigentlich aus der Kriegskunst und meint Heeresleitung. Geht man vom griechischen Wort Strategos (Feldherr, Heerführer, auch hoher Beamter) aus, würde das Wort etwa mit »Feldherrnkunst« zu übersetzen sein. Die Truppenführung in der Schlacht, auf dem Gefechtsfeld zählt dagegen zur Taktik. Nach der Definition des Militär-Handlexikons von August Niemann aus dem Jahre 1891 obliegt es der Strategie, zunächst die Truppen in geeigneter Weise an zweckentsprechenden geografischen Punkten zu vereinigen, sie in vorteilhafter Weise gegen den Gegner in Marsch zu setzen, die Maßregeln zur Sicherung und Aufklärung im Großen zu treffen, die eingehenden Nachrichten zu prüfen und entsprechend zu verwerten und die Truppen für das Gefecht von vornherein in eine möglichst günstige taktische Lage zu bringen. Nach dem Gefecht leitet sie die Verfolgung oder trifft die weiteren Anordnungen für den eigenen Rückzug. Sie sorgt für alle Bedürfnisse der Truppen und regelt die erforderlichen Nachschübe an Personal und Material aller Art. Die Fülle und Verschiedenartigkeit der Strategie liefern die Erklärung dafür, dass ebenso viele wie verschiedenartige Definitionen von Schriftstellern aller Zeiten gegeben worden sind. Der Begriff Strategie steht dabei stets in

*Strategie als »Feldherrnkunst«*

**Fließender Übergang zwischen Strategie und Taktik** einem gewissen Gegensatz zu dem Begriff Taktik, beide ergänzen sich jedoch so wesentlich und gehen in vielen Beziehungen so allmählich ineinander über, dass eine überall zutreffende, scharfe Trennung nicht möglich ist. Beide zusammen bilden die Wissenschaft und Kunst aller Kriegsführung, und man erklärt vielfach Taktik als die Lehre davon, wie man schlägt, während Strategie die Lehre davon ist, wie man dazu gelangt zu schlagen.

Strategie und Taktik lassen sich, in Anlehnung an Clausewitz, nach den Gesichtspunkten des Zieles und der Mittel voneinander abgrenzen:
- Die Mittel der Taktik sind die Streitkräfte, ihr Ziel ist der Sieg im Gefecht oder im Einsatz.
- Die Mittel der Strategie sind die Gefechte oder aufeinander folgenden Einsätze, ihr Ziel ist der militärische Sieg.

*Ist die Strategie eine Kunst oder eine Wissenschaft?*

Die Theorie der Strategie kann dazu beitragen, strategisch denken zu lernen, dogmatische Vorurteile abzulegen, ethische Aspekte zu berücksichtigen, Unabhängigkeit des Geistes zu gewinnen sowie initiatives und kreatives Denken und Handeln unter großen Gesichtspunkten zu fördern. Sie verleiht auch Selbstvertrauen und Einsicht in Gesamtzusammenhänge in den entscheidenden Augenblicken des Lebens und gibt dem Handelnden den »Mut der Vernunft«, ohne den unternehmerisches Tun nicht möglich ist.

**Die Strategie folgt keinem Schema** Die Strategie als Handeln unter großen Gesichtspunkten lässt sich nicht in ein System von Regeln fassen. Die obersten Führungskräfte müssen bestrebt sein, in anderer Weise »Schule« zu machen: Schule zur Selbstständigkeit, zur Entschlusskraft und zur Verantwortung.

Die Grundsätze der Strategie sind einfach und auch dem Laien einleuchtend, ihre Anwendung unter den erschwerten Bedingungen des Wettbewerbs stellt an Wissen und Können wie insbesondere an die Persönlichkeit der Führungskräfte die höchsten Anforderungen. So kommt es, dass die Strategie in ihrer Ausübung sich weniger als eine Wissenschaft und mehr als eine Kunst darstellt, deren Meister die Unternehmens- und Industriegeschichte nicht viele aufweist.

Die Strategie ist, um wieder mit Clausewitz zu reden, unter gewissen Aspekten eine Kunst, unter anderen eine Wissenschaft. Sie lässt sich keiner der beiden Kategorien ohne Unsicherheit zuordnen. Die Strategie ist da eine »Wissenschaft, wo bloßes Wissen der Zweck ist«; sie ist eine »Kunst, wo ein hervorbringendes Können der Zweck ist«[44]. Und in der Tat bringt die Anwendung einer Theorie noch keinen Erfolg. Dieser erfordert schöpferische Fähigkeiten in der Umsetzung.

*Strategie ist Kunst und Wissenschaft*

Die Strategie – wie jede Kunst – erlernt sich nicht, darauf hat auch Moltke hingewiesen, auf rationalistischem, sondern auf empirischem Wege. Die Wissenschaft gibt keine Grundregeln und kein Formeln, die über alle Schwierigkeiten hinweghelfen. »In diesem Nebel der Ungewissheit aber muss wenigstens eines gewiss sein – der eigene Entschluss [...]« und wie es Moltke 1871 formuliert hat: »Es kommt darauf an, in lauter Spezialfällen die in den Nebel der Ungewissheit gehüllte Sachlage zu durchschauen, das Gegebene richtig zu würdigen, das Unbekannte zu erraten, einen Entschluss schnell zu fassen und dann kräftig und unbeirrt durchzuführen.«[45] So wird die Strategie zu einer Kunst, der viele Wissenschaften dienen.

*Strategie auf empirischem Weg erkennen*

Die Strategie ist kein Handeln nach einem Schema, sondern immer nach den gegebenen Verhältnissen des konkreten Augenblicks, wobei man sich das Ziel bei jedem Schritt, den man tut, vor Augen halten muss. Das aber ist, wie die Bedingung jedes unternehmerischen Erfolges, die Grundlage allen tätigen Lebens überhaupt.

*Strategie versus Taktik*

Im wirtschaftlichen Bereich betrifft die Strategie die innerhalb einer bestimmten Zeit einzunehmende Zielposition, die Taktik dagegen die zu deren Erreichung notwendigen Ressourcen und dynamischen Fähigkeiten; die Strategie konzentriert sich auf das Was und das Warum und Wozu:
- Welche Vision oder welchen Kernauftrag will das Unternehmen mit seiner Kernkompetenz erfüllen?
- Was will das Unternehmen innerhalb einer gegebenen Zeit aus welchen Gründen sein?

Die Taktik konzentriert sich daran anschließend auf das *Wie*.

**Die drei Arten von Strategie** Die Vision (oder der Kernauftrag) bestimmt die Strategie, die ihrerseits die Taktik bestimmt. Die Taktik gibt an, wie bei der Umsetzung Hindernisse überwunden, Aktionen der Konkurrenten begegnet und nicht vorhergesehene Risiken abgewendet werden. Eine einwandfreie und erschöpfende Definition für Strategie gibt es nicht und wird sich auch kaum finden lassen, weil in der Praxis Strategie und Aktionspläne vielfach ineinander übergreifen und sich dauernd zwingend beeinflussen. Strategie ist ihrem Wesen nach keine theoretische, sondern eine praktische Angelegenheit. Strategie ist Handeln unter großen Gesichtspunkten. Ihre erste Instanz ist deshalb nicht Erkenntnistheorie oder Methodenwissen, sondern der gesunde Menschenverstand.

**Strategie ist Handeln unter großen Gesichtspunkten** Im Unternehmerischen lassen sich drei Arten von Strategie ausmachen:
1. die Vorwärts- oder Offensivstrategie,
2. die Defensivstrategie (Halten der Wettbewerbsposition) und
3. der Rückzug, sprich die Desinvestitionsstrategie.

Zählt das Unternehmen zu den führenden Wettbewerbern, besteht die Strategie darin, die Wettbewerbsvorteile auf Dauer zu halten und die führende Wettbewerbsposition nachhaltig zu verteidigen (Defensivstrategie). Ist das Unternehmen kein führender Wettbewerber, müssen die Ursachen ermittelt und beseitigt werden, die dafür verantwortlich sind, dass der Konzern keine Position der Einzigartigkeit im Marktsegment einnimmt (Offensivstrategie). Lassen sich die Ursachen der schwachen Marktposition nicht beseitigen, dann wird es in der Regel zweckmäßiger sein, die Ressourcen anderen Geschäftseinheiten zuzuweisen und eine Rückzugsstrategie zu verfolgen (Desinvestitionsstrategie).

---

Ein schwieriger Fall

Sie werden als Produktmanager eines multinationalen Unternehmens in ein Entwicklungsland entsendet, um die Verantwortung für ein Ernährungsergänzungsprodukt für Kinder zu übernehmen. Das Produkt ist für ein armes Land attraktiv,

> weil die landwirtschaftliche Produktion nicht genügt, um die Bevölkerung ausreichend zu ernähren. Obwohl das Produkt billiger als eine ausgewogene Ernährung ist, macht der monatliche Bedarf eines Kindes etwa 25 Prozent des Durchschnittslohnes eines Arbeiters aus. Wie in allen Entwicklungsländern, sind die Familien kinderreich.
> Sie fragen sich, ob der hohe Preis im Entwicklungsland gerechtfertigt ist. Ihr Unternehmen braucht den Gewinn, um zu überleben. Sie wissen auch, dass der heutige und in Zukunft angestrebte Gewinn eine entscheidende Rolle in Bezug auf die Aufrechterhaltung der lokalen Landesorganisation hat, die etwa 300 – fast ausschließlich einheimische – Mitarbeiter beschäftigt.
> Welche Strategie würden Sie persönlich verfolgen? Die Entscheidung liegt in Ihrem Verantwortungsbereich. Sie muss allerdings in der Zentrale begründet werden.
>
> (Adaptiert von: Cullen (2002), S. 132.)

Die Verfolgung einer Strategie geht somit davon aus, dass eine bestimmte *Zielposition* durch eine Reihe von Entscheidungen erreichbar ist, für die eine Vielzahl von Personen auf verschiedenen Verantwortungsebenen und an verschiedenen Orten verantwortlich ist. Diese Entscheidungen müssen im Laufe der Zeit getroffen werden, und zwar immer dann, wenn bestimmte Unsicherheitselemente weggefallen sind und die ursprünglich verfolgte Linie präzisiert und den in der Zwischenzeit effektiv eingetroffenen Ereignissen angepasst werden kann.

Die Strategie als gemeinsame Logik des Handelns

Eine strategische Entscheidung muss deshalb zwischen zwei entgegengesetzten Anforderungen einen Ausgleich schaffen:
- Eine Vielzahl von Entscheidungen, die zu verschiedenen Zeiten, an verschiedenen Orten und von verschiedenen Personen getroffen werden, muss auf eine gemeinsame Zielposition ausgerichtet werden, von der aus in Zukunft weitere Entscheidungen getroffen werden können, und
- den Führungskräften, die diese Entscheidungen treffen werden, muss größtmöglicher Handlungsspielraum eingeräumt werden, damit sie in ihren Entscheidungen auch die neuen

Elemente berücksichtigen können, die nach der Verabschiedung der Strategie bekannt geworden sind.

*Inhalte und Freiräume zukünftiger Entscheidungen bestimmen*

Die Hauptschwierigkeit, die es bei der Formulierung einer Strategie zu überwinden gilt, besteht somit darin,
- die Inhalte zukünftiger Entscheidungen zu beurteilen und
- die Freiheitsspielräume zu bestimmen, die den Entscheidungsträgern eingeräumt werden sollen.

Mithilfe dieser Beurteilungen lässt sich die Flexibilität des Unternehmens in einer Welt, die sich rasch und tief greifend verändert, erhöhen und seine Handlungsfreiheit absichern. Die Strategie ist also die praktische Anwendung der Ressourcen und dynamischen Fähigkeiten, die einem Unternehmer und den obersten Führungskräften zur Erfüllung des Kernauftrags oder zur Annäherung an die Vision zur Verfügung stehen. Die dem Unternehmen zur Verfügung stehenden Ressourcen und dynamischen Fähigkeiten sind nicht auf den personellen, materiellen oder finanziellen Bereich begrenzt, sondern umfassen ganz allgemein alle verfügbaren Machtmittel des Unternehmens. Der moderne Strategiebegriff geht über den materiellen Charakter der Strategie hinaus und spricht von verfügbaren – materiellen und immateriellen – Ressourcen des Unternehmens.

*Überlegenheit durch Wissen*

Wettbewerbsvorteile werden durch Wissen erzielt, Kriege durch Informationsvorsprünge gewonnen. Im Wettbewerb wie im Krieg kann Wissen genau so helfen wie die Qualität der Produkte oder die Überlegenheit des Aufmarsches. Diese Definition der Strategie betrachtet die Bedürfnisse der Kunden, die Kernkompetenz des Unternehmens und den Willen der Konkurrenten als nicht zu übersehende Faktoren: Alle Wettbewerber versuchen, mit mehr oder weniger großem Erfolg, die Bedürfnisse der Kunden zu erfüllen. Alle verhalten sich mehr oder weniger kundenorientiert. Die Strategie ist nichts weiter als die laufende Anpassung der eigenen Absichten an die Aktionen und Reaktionen der Konkurrenten, mit dem Ziel, dem Kunden ein besseres Produkt oder eine bessere Dienstleistung zu einem besseren Preis anzubieten, als es die Konkurrenten zu tun in der Lage sind. In der Strategie werden die eigenen Maßnahmen und die der Konkurrenten sowie die Bedürfnisse der Kunden zu einem strategischen Netz verwoben, in dem von Zeit zu Zeit eine taktische Entscheidung – z.B. die Verkürzung der Lieferfrist, die Erhöhung der Wertschöpfung für die Kunden – einen Ausgangspunkt für neue Pläne und Entscheidungen schafft.

Ressourcen und dynamische Fähigkeiten des Unternehmens und Gewinngelegenheiten des Marktes sind wie ein Puzzle-Spiel: Von irgendwoher kommen neue Möglichkeiten und Risiken auf das Unternehmen zu, Opportunitäten werden entdeckt, die ursprünglich nichts miteinander zu tun zu haben scheinen. Ressourcen und Fähigkeiten des Unternehmens werden laufend weiterentwickelt, neue aufgebaut, Allianzen eingegangen – all das muss dann bis ins Letzte zusammengefügt werden.

*Unternehmerisches Handeln als Puzzle*

Die Metapher vom Puzzle-Spiel unterstreicht die Bedeutung von Leadership und Strategie. Für den, der die Zusammenhänge überblickt, der Leadership beweist und strategisch denkt, gehören die Fragmente, die sich kausal noch so zufällig ergeben haben, zusammen. Damit ist die unternehmerische, strategische Aufgabe umschrieben, nämlich dafür zu sorgen, dass unter den vielen Puzzle-Fragmenten innerhalb und außerhalb des Unternehmens nicht nur eines zum anderen passt, sondern auch zueinander findet.

Die Strategie ist also nicht nur darauf ausgerichtet, Wettbewerbsvorteile zu erzielen und die Konkurrenten zu beeinflussen. Sie ist auch nicht nur darauf konzentriert, mit den Konkurrenten zu kommunizieren – indem man ihnen wahre oder manipulierte Absichten zukommen lässt oder sie entmutigt, in einen bestimmten Markt einzudringen. Sie ist auch bestrebt, die Umwelt zu beeinflussen, mit ihr zu kommunizieren und schließlich auch sich selbst zu beeinflussen.

## Strategie ist die Anwendung des gesunden Menschenverstandes

»Die Vorbereitung ist wichtiger geworden als die Ausführung.«
André Beaufre

Die Grundlagen des Wettbewerbs verändern sich nicht im Laufe der Zeit. Es ändert sich die Geschwindigkeit, mit der

**Die Strategie als Weg von der Kernkompetenz zum Kernauftrag**

Informationen weltweit genutzt werden können oder mit der neue Wettbewerber bestehende Wettbewerbspositionen vernichten.[46] Die Strategie ist dabei der Weg von der Kernkompetenz zum Kernauftrag.[47] Der Kernauftrag eines jeden Unternehmens geht in Richtung Vision und besteht darin, die Kunden noch erfolgreicher oder wettbewerbsfähiger zu machen oder ihre Lebensqualität zu erhöhen und gleichzeitig den Wert des Unternehmens zu erhöhen. »Ein schwieriger, komplizierter oder spitzfindiger Gedanke«, so der Industrielle und Außenminister von 1922 Walther Rathenau, »taugt in Geschäften so wenig wie im Leben. Jede große geschäftliche Idee lässt sich in einem Satz aussprechen, den ein Kind versteht. Hier wie überall liegt die Kunst in der Vereinfachung«. Die *Kernkompetenz* ist die Gesamtheit von dynamischen Fähigkeiten, Ressourcen, Prozessen, Technologien und Einstellungen, die den Wertsteigerungsprozess des Unternehmens in Gang halten.

Die Kernkompetenz des österreichischen Kristallkonzerns Swarovski ist die Gesamtheit von Schleifsteintechnologie, Design, Marketing, Informationstechnologie sowie von Fähigkeiten, Erlebniswelten für die Kunden (z.B. durch die »Kristallwelten« oder den Sammlerclub) zu schaffen. Der Kernauftrag lautet: Freude vermitteln durch Kristall. Die Kernkompetenz des Stahltechnologiekonzerns Salzgitter AG besteht in der Erzeugung, in der Verarbeitung und im Handel von und mit Stahl. Der Kernauftrag heißt, die Kunden durch die optimale Versorgung mit Stahl und Stahlkomponenten noch erfolgreicher zu machen.

Die Strategie als Weg der Kernkompetenz zum Kernauftrag verbindet die *Ressource-based View* (Kernkompetenz) mit der *Market-based View* des Unternehmens (Kernauftrag). Es ist also nicht möglich, eine Strategie zu entwickeln, wenn Kernkompetenz und Kernauftrag nicht klar definiert sind.

Der leitende Gedanke ist die Kernkompetenz, die entsprechend den sich stets ändernden Kundenbedürfnissen und Wettbewerbsverhältnissen weiterentwickelt werden muss. Die zentralen Fragen, die zur Strategie führen, lauten[48]:

> *Nicht:*
> Wie werden wir die Nummer Eins im Markt?
>
> *Sondern:*
> Wie machen wir die Kunden zu den Besten
> in ihren Märkten?

Das Ziel der Strategie ist, eine nachhaltige und dauerhafte Wertsteigerung des Unternehmens zu erzielen, die über dem Marktdurchschnitt, mindestens aber über den Kapitalkosten liegt. Die Strategie ist nach Moltke nichts weiter als die Anwendung des gesunden Menschenverstandes. Er versteht darunter, wie noch gezeigt wird, den *kritischen* gesunden Menschenverstand.

<small>Das Ziel der Strategie: Überdurchschnittliche Wertsteigerung</small>

### Die fünf Schlüsselelemente der Strategie

> »Kleine Erfolge vervielfältigen, das heißt nichts anderes, als nach und nach einen Schatz anhäufen; mit der Zeit ist man reich, man weiß nicht wie.«
>
> Friedrich der Große

Die Strategie ist ein integriertes Gesamtkonzept, dessen Kernaussage ist, wie ein Unternehmen, ausgehend von seiner Kernkompetenz, seinen Kernauftrag erfüllt. Für die Praxis ist es hilfreich, dieses Gesamtkonzept in seine Elemente zu zerlegen und sich die folgenden fünf Fragen zu stellen (Abb. 6)[49]:

<small>Die Notwendigkeit der Strategie-Überprüfung steigt mit zunehmender Unsicherheit der Zukunft</small>

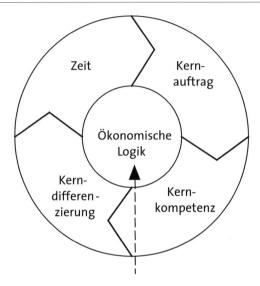

**1. Kernauftrag**
In welchen Tätigkeitsbereichen wollen wir welchen Kernauftrag erfüllen?
Mit welchen Produkten/Dienstleistungen?
Auf welchen Märkten?
In welchen Regionen?
Auf welchen Stufen der Wertschöpfung?

**2. Kernkompetenz**
Vorgehensweise?
Mit welchen Ressourcen und dynamischen Fähigkeiten?
Mit welchen Technologien?
Joint Ventures?
Akquisitionen?
Fusionen?
Lizenzen/Franchising?
…

**3. Kerndifferenzierung**
Wie begeistern wir unsere Kunden?
Zuverlässigkeit?
Preis/Leistungs-Verhältnis?
Design?
Systemlösungen?
Reputation?
…

**4. Zeit**
Zeit, Geschwindigkeit und Reihenfolge der Maßnahmen
Zeitliche Meilensteile?
...

**5. Ökonomische Logik**
Wie erzielen wir die angestrebte Wertsteigerung?
Kostenführerschaft?
Preisführerschaft durch
Zusätzliche Dienstleistungen?
Patentgeschützte Produkte?
...

*Abb. 6: Die fünf Elemente der Strategie (in Anlehnung an Hambrick / Frederickson, 2001)*

Abbildung 7 zeigt anhand eines Beispiels aus der elektronischen Industrie, wie die fünf Schlüsselelemente der Strategie zu einem kohärenten Ganzen zusammengefügt werden:

**1. Kernauftrag**
Tätigkeitsbereiche:
Kraftwerksgesellschaften und Stadtwerke in der EU, in den USA und im asiatischen Raum
Schutz- und Messtechnikmarkt
Prüfgeräte
Überprüfung der Sicherheitseinrichtungen von Kraftwerken und Umspannwerken vor deren Inbetriebnahme
Technischer Service

**2. Kernkompetenz**
Vorgehensweise:
Unternehmensinterne Entwicklung, Herstellung und Vertrieb von hochwertigen Prüfsystemen für die Bereiche Schutz- und Messtechnik
Kooperation mit Schutzrelaisherstellern
Kombination von verschiedenen Technologien (Signalprozessoren, Analog/Digital-Technik, Softwaredesign ...
Kooperation mit Technischen Universitäten

**3. Kerndifferenzierung**
Hohe Genauigkeit
Hohe Ausgangsleistung
Geringes Gewicht
Hoher Bedienungskomfort
Zusätzliche Funktionalität in neuen Software-Modulen

| 4. Zeit |
|---|
| Timing: |
| Phase 1: Verteidigung der Marktführerschaft in der EU |
| Phase 2: Ausbau der Vertriebsorganisation und Entwicklung von neuen Produkten für den US-amerikanischen und asiatischen Markt |

| 5. Ökonomische Logik |
|---|
| Preferred Supplier Status |
| Premium Pricing durch: |
| Technologieführerschaft |
| Kunden begeisternde Systemlösungen |

*Abb. 7: Die Strategie der SEAG-Süd Elektronik AG*

**Ziele und Rahmenbedingungen** Die Strategie muss alle fünf Komponenten enthalten und integrieren. Wenn die fünf Komponenten spezifiziert sind, lassen sich alle anderen unterstützenden Tätigkeiten – die Ziele und Rahmenbedingungen in den Funktionsbereichen und regionalen Einheiten, die Organisation, die Aktionspläne, die Prozesse, die Erfolgssteuerung – im Detail festlegen, mit denen die Strategie umgesetzt werden kann.

Die Strategie der Unternehmensgruppe ILF
Beratende Ingenieure, München-Innsbruck

»Unsere Strategie als owner's engineer ist es, unsere führende Stellung auf dem Weltmarkt für die Planung von Pipelines und Infrastrukturen sowie für die entsprechenden Ingenieurleistungen zu halten. Das Unternehmen befindet sich vollständig in Privatbesitz und ist dadurch in seiner Geschäftspolitik vollkommen unabhängig. So können wir für unsere Kunden objektive Beratungsleistungen anbieten und mit unserem breiten Ingenieur Know-how optimale Gesamtlösungen entwickeln. Nachdem wir über keinerlei eigene Kapazitäten für die Lieferung und die Bauausführung verfügen, können wir diesen Bereich einem effizienten Wettbewerb unterwerfen und damit für unsere Kunden weitere wirtschaftliche Vorteile erzielen. Insgesamt führt diese Strategie des Owner's Engineer zu Lösungen mit den niedrigsten Gesamtkosten über die Lebensdauer eines Projektes.«

Die Strategie der Unternehmensgruppe ILF Beratende Ingenieure gibt an:
1. Kernauftrag:
Pipelines und Infrastrukturprojekte weltweit
2. Kernkompetenz:
führendes, eigenes Ingenieur Know-how
3. Kerndifferenzierung:
optimale Gesamtlösung durch ob-jektive Beratung, die sich allein auf die Interessen der Kunden konzentriert; Vergabe aller Lieferungen und Bauleistungen im effizienten Wettbewerb
4. Timing:
Halten und Weiterentwicklung der führenden Marktposition
5. Ökonomische Logik:
Premium-Preise durch einzigartiges Ingenieur-Know-how

In der Strategie ist das Ziel oft nicht das wichtigste, sondern es kommt darauf an, was das Unternehmen auf dem Weg von der Kernkompetenz zum Kernauftrag lernen und wie es sich dabei weiterentwickeln kann. Erfolgreiche Führungskräfte wissen, dass sie, um ein dynamisches Ziel zu erreichen, die Strategie ständig korrigieren müssen. Unternehmen kommen laufend vom Kurs ab und durch die anschließende Korrektur wieder auf den Kurs in Richtung Ziel zurück. Die Führungskräfte wissen auch, dass der unternehmerische Erfolg, wenn sie auf ihr Ziel hin arbeiten, häufig weniger wichtig ist als die zusätzlichen, neuen Optionen, die sich dem Unternehmen voraussichtlich erschließen.

*Laufende Anpassung der Strategie*

## Die Ebenen und Dimensionen der Strategie

»Das Geheimnis für den Erfolg im Leben besteht darin, die Gelegenheiten in dem Augenblick zu nutzen, in dem sie auftreten.«
Benjamin Disraeli

*Die drei Ebenen der Strategie*

Es lassen sich drei Ebenen der Strategie unterscheiden:
1. Ebene der strategischen Geschäftseinheiten
2. Unternehmensebene
3. Netzwerkebene

Der Begriff der strategischen Geschäftseinheit stammt aus der Militärstrategie, die mit strategischen Einheiten rechnet. Unter *strategischer Einheit* versteht das Brockhaus Konversations-Lexikon aus dem Jahr 1895 in der Kriegslehre einen aus verschiedenen Waffengattungen gemischten Heereskörper. Dieser ist durch seine Zusammensetzung und durch seine Ausstattung mit den für die Erhaltung der Schlagfertigkeit der Truppen erforderlichen Ressourcen in der Lage, selbstständig größere taktische und kleinere strategische Aufgaben zu lösen. Die Größe der strategischen Einheit hängt von der Größe der Armee ab, die zum einheitlichen Auftreten auf einem und demselben Kriegsschauplatz bestimmt ist.

*SGE als Zentrum für integrierte Maßnahmen*

*Strategische Geschäftseinheiten* (SGE) sind Zentren für bestimmte Maßnahmen im Unternehmen. Jedes Unternehmen ab einer bestimmten Mindestgröße ist in strategische Geschäftseinheiten gegliedert, die
- ergebnisverantwortlich arbeiten,
- in einem spezifischen Umfeld operieren,
- einen bestimmten Kernauftrag erfüllen,
- über eine Kernkompetenz verfügen,
- mit bestimmten Konkurrenten im Wettbewerb stehen und deshalb
- spezifische Strategien verfolgen.[50]

Ein Maschinenbauunternehmen ist beispielsweise in vier strategische Geschäftseinheiten gegliedert: Aufstiegsanlagen und Seilbahnen, Umlaufbahnen für Großstädte, Beschneiungsanlagen und Hochregallager. Alle Geschäftseinheiten beruhen auf der gleichen Kernkompetenz.

Die Grenzen der strategischen Geschäftseinheiten müssen laufend überprüft und an den sich ändernden Kundenbedürfnissen ausgerichtet werden. Ein Hersteller von Computertomographen definiert die Geschäftseinheit nicht nur in Bezug auf den medizinischen Einsatzbereich und die Geschäftseinheiten der Konkurrenten, sondern auch in Bezug auf die spezifischen diagnostischen Bedürfnisse des Arztes.

*Grenzen immer wieder neu durchdenken*

Zur Erfüllung ihres Kernauftrages greifen die strategischen Geschäftseinheiten auf die Ressourcen des gesamten Unternehmens und nicht nur auf die der ihnen unterstellten Funktionsbereiche zurück. Die immateriellen Ressourcen sind heute in vielen Unternehmen wichtiger als die materiellen. Die relationalen Ressourcen (Beziehungen, Reputation, Marken usw.) und die dynamischen Fähigkeiten (Wissen, Einstellungen, Führungsfähigkeiten usw.) tragen mehr zur Wertsteigerung bei als die materiellen (Anlagen, Vertriebseinrichtungen usw.).

*Die Strategie auf Unternehmensebene (Corporate Strategy)*

Die Strategie auf der Unternehmensebene
- koordiniert die Strategien der einzelnen Geschäftseinheiten in Bezug auf Cash-flow, Synergien, Zyklizität und Risiko,
- weist diesen die personellen, materiellen und finanziellen Ressourcen zu,
- nutzt die Kernkompetenzen für eine Vielzahl von strategischen Geschäftseinheiten und
- ist auf die Optimierung des Gesamtportfolio des Unternehmens gerichtet.[51]

*Unternehmensebene*

Die Portfolio-Optimierung – durch Offensiv-, Defensiv- und Desinvestitionsstrategien, durch Akquisitionen oder Joint Ventures – sowie das Aufbrechen und Neuzusammenfügen der Wertschöpfungsketten im Hinblick auf die langfristige und nachhaltige Wertsteigerung des Unternehmens führen dazu, dass sich Unternehmen mit Lieferanten und Partnern aus unterschiedlichen Bereichen und Regionen zu Netzwerken entwickeln. Die *Netzwerkstrategie* ist die höchste Ebene der Strategie.[52] Der Übergang zur Unternehmenspolitik ist fließend.

*Netzwerk-Ebene*

Im Netzwerk fokussiert sich jedes Unternehmen auf seine Kerngeschäfte und kooperiert weltweit mit Partnern. Das bedeutet, dass das Unternehmen die Unternehmensteile und/oder Stufen der Wertschöpfung aufgibt, in denen es nicht zu den »Klassenbesten« zählt, die keinen Bezug zu den Kernkompetenzen haben oder die keinen Beitrag zum Kundennutzen leisten. Je turbulenter der Wettbewerb und je dynamischer das Umfeld ist, desto häufiger müssen die Grenzen des Unternehmens und die Stufen der Wertschöpfung neu durchdacht und gestaltet werden. Das Netzwerk-Unternehmen ist offen, auf Kerngeschäfte fokussiert, unternehmerisch und symbiotisch mit seinen Partnern verbunden. Jedes Unternehmen und jede Geschäftseinheit muss
1. die Attraktivität des Netzwerks bestimmen, in das es eingefügt ist oder sich einfügen will und
2. die relative Wettbewerbsposition in diesem Netzwerk festlegen.

Während sich die Attraktivität des Netzwerkes relativ einfach aufgrund ihrer Gewinn- und Wachstumsperspektiven bestimmen lässt, verlangt die Festlegung der relativen Position des Unternehmens und der Geschäftseinheiten im Netzwerk, dass Kriterien von Fall zu Fall zur Anwendung kommen wie z.B.:
- Dauerhaftigkeit der partnerschaftlichen Beziehungen,
- Vertrauen,
- Einrichtung von auf Dauer haltbaren Win/Win-Situationen,
- Leadership-Qualitäten.

**Netzwerk-Leadership** Das Netzwerk-Unternehmen ist eine *Leadership Company*.[53] Mehrere Bedingungen sind notwendig, damit ein Unternehmen in einem Netzwerk die Führungsrolle übernehmen kann:
1. Das Unternehmen muss in der Lage sein, die *zweckmäßigsten Lösungen* für sich mit denen zu verbinden, die den Interessen der Partner entsprechen.
2. Das Unternehmen muss über ein großes *Prestige* und eine gute Reputation verfügen, und zwar dadurch, dass die Partner davon ausgehen, dass das Unternehmen besser als sie selbst die Markttendenzen wahrnimmt.
3. Das Unternehmen muss einen großen *Marktanteil* und somit Marktmacht besitzen, was zeigt, dass es in der Lage ist, rechtzeitig und korrekt die Marktentwicklungen zu interpretieren und daraus Nutzen zu ziehen.

Unter diesen Bedingungen werden die Partner im Netzwerk keine eigenen Strategien verfolgen und sich nicht einem dynamischeren und weiseren Unternehmen anschließen. Jede Strategie hat vier Dimensionen:

1. Die Situation oder der Kontext. Die strategische Frage lautet: Was ist, und was kann kommen?
2. Der *Prozess*, über den die Strategie durch Einbindung der Mitarbeiter entwickelt wird. Die strategische Frage lautet: Wie stellen wir uns darauf ein?
3. Der *Inhalt*. Die strategische Frage lautet: Wie führen wir das, was notwendig ist, durch?
4. Das *Erfolgscontrolling*. Die strategische Frage lautet: Wie messen und steuern wir die Fortschritte?

*Die vier Dimensionen der Strategie*

Abbildung 8 gibt einen Überblick über die Ebenen und Dimensionen der Strategie.

Jede Strategie muss mit dem Worst Case rechnen, der eintreten könnte. Der unter Umständen maximal eintretende Verlust darf die Existenz des Unternehmens nicht gefährden. Jede Strategie braucht deshalb einen *Katastrophenplan*. Es geht um die folgenden Fragen:

*Risikomanagement*

- Wann ist der Katastrophenplan das letzte Mal aktualisiert worden?
- Wer übernimmt die Kommunikation nach außen wie nach innen?

Unternehmer müssen immer vorbereitet sein, schlecht oder überhaupt nicht kalkulierte Risiken führungs- wie kommunikationsmäßig zu bewältigen. Allerdings gibt es hier qualitative Unterschiede: Strategische Risiken wie z.B. Nachfragerückgang durch einen Konkurrenten, der aufgrund einer falschen Markteintrittsstrategie seine Preise stark senkt, neue Technologien, Fehlverhalten von Führungskräften lassen sich nur ungenügend bewältigen. Operative Risiken wie z.B. Kostenüberschreitungen sind dagegen leichter in den Griff zu bekommen. Unternehmen können ihr Portfolio nicht im gleichen Maß diversifizieren, wie dies die Anleger können. Die Unternehmensleitung muss sich deshalb darauf konzentrieren, die Schwankungen der Wertsteigerung des Unternehmens im Zeitablauf zu minimieren – was eine ganzheitliche Sicht der Unternehmensentwicklung erfordert.

| Dimensionen der Strategie \ Ebenen der Strategie | SITUATION (Was ist und was kann kommen?) | PROZESS (Wie stellen wir uns darauf ein?) | INHALT (Wie führen wir das, was notwendig ist, durch?) | ERFOLGS-CONTROLLING (Wie messen und steuern wir die Fortschritte?) |
|---|---|---|---|---|
| Ebene der strategischen Geschäftseinheit | · Globalisierung<br>· Deregulierung<br>· Neue Technologien<br>· Hyperwettbewerb<br>· Zunehmende Ansprüche der Stakeholder | · Definition von Kernauftrag und Kernkompetenz<br>· Konzentration auf die kritischen Erfolgsfaktoren der Kunden<br>· Optimierung der Wertschöpfungskette<br>· Leadership | · Kundenbindung, und Kostenführerschaft<br>· Premium-Preise durch Differenzierung<br>· Veränderung der Spielregeln im Markt<br>· Prozessoptimierung | · Kundenbindung und -entwicklung<br>· Mitarbeiterengagement<br>· Wertsteigerung<br>· Liquidität<br>· Risiko |
| Gesamtunternehmensebene | · Globalisierung<br>· Deregulierung<br>· Neue Technologien<br>· Hyperwettbewerb<br>· Zunehmende Ansprüche der Stakeholder | · Neuausrichtung von SGE's<br>· Neugestaltung von Wertschöpfungsketten und Prozessen<br>· Wissensmanagement<br>· Schaffen von innovationsfördernden Rahmenbedingungen<br>· Leadership | · Portfolio-Optimierung<br>· Veränderung der Struktur der Branche durch Akquisitionen, Fusionen und Joint Ventures<br>· Leadership | · Wertsteigerung<br>· Liquidität<br>· Risiko<br>· Gesellschaftliche Verantwortung<br>· Ethischer Kodex<br>· Strategic Issues |
| Netzwerkebene | · Globalisierung<br>· Deregulierung<br>· Neue Technologien<br>· Hyperwettbewerb<br>· Zunehmende Ansprüche der Stakeholder | · Koordination von Unternehmensteilen und Partnern<br>· Aufbrechen und Neugestalten von Wertschöpfungsketten<br>· Schaffen von Win/Win-Situationen<br>· Leadership | · Langfristige Partnerschaften<br>· Orchestrierung von Wertschöpfungsketten<br>· Neustrukturierung von Geschäftseinheiten | · Wertsteigerung<br>· Win/Win-Situationen<br>· Strategic Issues |

*Abb. 8: Ebenen und Dimensionen der Strategie*

## Die direkte und die indirekte Strategie

»Ein guter General muss auch ein guter Schauspieler sein.«
Friedrich der Große

Der englische Kriegswissenschaftler Liddell Hart hält die indirekte Strategie für die beste Strategie. Diese besagt, man dürfe »den Stier nicht bei den Hörnern packen«[54], d.h. den Konkurrenten nicht in einer direkten Machtprobe, z.b. in einem Preiskampf, gegenübertreten.

*Den Konkurrenten den Handlungsspielraum nehmen*

Die indirekte Strategie läuft darauf hinaus, den Konkurrenten ihren Handlungsspielraum durch psychologische Faktoren zu nehmen. Die Marktmacht des Unternehmens spielt keine wesentliche Rolle, und auch die Qualität, die Breite und Tiefe der angestrebten Problemlösungen stehen nicht im Vordergrund.

*Die indirekte Strategie*

Die direkte Strategie setzt zum Beispiel den Schwerpunkt auf Preissenkungen und Kaufaufforderungen. Die indirekte Strategie zeichnet sich immer dadurch aus, dass die eigentliche Auseinandersetzung mit den Konkurrenten nicht auf der Ebene der Produkte oder Dienstleistungen stattfindet, sondern außerhalb dieser Ebene. Der Erfolg wird auf ungewöhnlichen und unerwarteten Wegen gesucht.

In der *direkten Strategie* herrschen die materiellen, finanziellen, personellen und informationellen Ressourcen vor, die psychologischen Faktoren sind weitaus weniger wichtig und der zeitliche Horizont relativ klein. Ein Preiskampf ist Ausdruck einer direkten Strategie.

*Die direkte Strategie*

Es geht bei der indirekten Strategie vielmehr darum,
- die Konkurrenten zunächst zu beunruhigen, indem man bestimmte Marktsignale, z.B. Informationen über geplante Kapazitätserweiterungen oder Produktinnovationen aussendet;
- sie zu überraschen, z.B. durch verbesserte Systemlösungen;
- sie dadurch aus dem Gleichgewicht zu bringen, indem man beispielsweise die üblichen Lieferfristen auf die Hälfte reduziert oder indem man auf Umwegen versucht, eine führende Wettbewerbsposition einzunehmen: So könnte durch

*Die indirekte Strategie ist der Umweg zum Ziel*

entsprechende Marketing- und Corporate-Identity-Maßnahmen der Eindruck gefestigt werden, dass die angebotenen Produkte oder Problemlösungen überlegen sind.

In der *indirekten Strategie* werden die psychologischen und informationellen Faktoren zum beherrschenden Element, die materiellen, finanziellen und personellen Ressourcen sind weniger wichtig, und der zeitliche Horizont ist wesentlich länger. Es geht darum, die fehlenden Ressourcen durch die richtig angesetzte Kraft der Psychologie und Information in einem genau abgestimmten Zusammenwirken zu kompensieren. Ressourcen werden durch kreative Ideen besetzt. Ein Beispiel für eine indirekte Strategie ist der Kauf eines Konkurrenten, um ein sonst schwer zu beschaffendes Know-how zu erwerben. Der Vater, der seinem Sohn wegen eines Fehlverhaltens eine Ohrfeige gibt, verfolgt eine direkte Strategie: Brachialgewalt (hoher Ressourceneinsatz), wenig Psychologie, Zeitdauer kurz. Der Vater dagegen, der seinem Sohn erklärt, warum sein Verhalten nicht angemessen ist und wie er mit einem anderen Verhalten mehr Erfolg hat, handelt nach einer indirekten Strategie: kleiner Ressourceneinsatz, viel Psychologie, mehr Zeit.

Der indirekten Strategie bedienen sich vorzugsweise die Unternehmen, die sich nicht stark genug fühlen, auf einem von einem oder von wenigen Konkurrenten beherrschten Markt eine führende Wettbewerbsposition einzunehmen. Aber selbst führende Wettbewerber wenden häufig die indirekte Strategie an, da sie wissen, dass man sich seiner Stärke niemals sicher sein kann. Selbst dann, wenn dies der Fall sein sollte, würde die dauerhafte Verteidigung der führenden Wettbewerbsposition einen höheren Ressourceneinsatz erfordern. Statt einer direkten Auseinandersetzung mit den Konkurrenten, zum Beispiel durch Preissenkungen oder durch Vorteile im technischen Bereich, lässt sich durch eine indirekte Strategie ein subtilerer Weg beschreiten. Diese besteht dann darin, in dem man
1. die Bedürfnisse der Kunden im Interesse der Möglichkeiten des Unternehmens zu beeinflussen weiß oder
2. sich in die Position der Kunden versetzen und ihre Probleme auf eine andere und bessere Weise lösen kann, als es die Konkurrenten zu tun in der Lage sind.

Je härter der Verdrängungswettbewerb und je enger der Handlungsspielraum des Unternehmens ist, desto wichtiger ist es, ihn durch eine indirekte Strategie auszunutzen. In der indirekten Strategie geht es nicht um das Produkt als solches, sondern um Faktoren außerhalb des Produktes wie beispielsweise
* das Erscheinungsbild,
* die Marke,
* die Dienstleistungen oder
* die Reputation.

Die Methoden der indirekten Strategie sind vielfältig und subtil: So kann das Unternehmen versuchen, sich durch ein ansprechendes Design von den Konkurrenten abzuheben. Oder man streut gezielt Informationen, um das gewünschte Bild vom Unternehmen bei den Kunden, Lieferanten, Kapitalgebern und verbündeten Firmen entstehen zu lassen. Eine andere Möglichkeit ist, das Verhalten der Mitarbeiter durch entsprechende Anreize zu beeinflussen. Oder man weckt im Bewusstsein der Abnehmer den Eindruck, dass das angebotene Produkt den Konkurrenzprodukten überlegen ist – obwohl es in Wirklichkeit keinen größeren Nutzen bietet. Mit anderen Worten, man greift zu *indirekten Methoden*, um eine Position der Einzigartigkeit im jeweiligen Marktsegment zu erreichen.

*Methoden der indirekten Strategie*

Unter der scheinbaren Stabilität vieler Oligopolmärkte finden laufend große Bewegungen statt, die die Marktanteile zugunsten der effizienten, innovativen Unternehmen verschieben. Das Problem besteht darin, direkte Strategien zu vermeiden, die zu Preiskämpfen führen könnten. Es geht darum, indirekte Strategien zu formulieren, die – ohne Anlass zu einem Preiskampf zu geben – die Wettbewerbsbedingungen im Interesse des Unternehmens ändern.

Die indirekte Strategie kann sich einer Reihe von Maßnahmen bedienen:
1. Gewährung von verdeckten Preisnachlässen in einem Ausmaß, das formell oder stillschweigend von den Konkurrenten toleriert wird;
2. Änderung der Marktpolitik in Form von zusätzlichen Leistungen und Problemlösungen, wie z.B. vermehrter technischer Assistenz, anwendungstechnischer Kundenberatung,

Garantieleistungen, ständiger Lieferbereitschaft, Intensivierung der Werbung, Einräumung längerer Zahlungsziele;
3. Produktdifferenzierung und -verbesserung;
4. Erhöhung der Umstellungskosten für die Kunden, die durch technische Assistenz oder zusätzliche Dienstleistungen an das Unternehmen gebunden werden.

*Ziel der indirekten Strategie* Ziel der indirekten Strategie ist es, bestimmte Kunden oder Kundengruppen dauerhaft an das Unternehmen zu binden, dieses Ziel lässt sich auf mehreren Wegen erreichen:
1. Nachweisliche Erhöhung der Wertschöpfung und/oder des Nutzens für die Kunden,
2. Einbindung des Unternehmens in ein strategisches Netzwerk von Kooperationen, Beteiligungen und Joint Ventures,
3. gemeinsame Entwicklung von Systemlösungen mit den Kunden (Co-creation),
4. Übernahme eines Teils der Risiken des Kunden durch das Unternehmen,
5. Schaffung einer psychologischen Situation, in der die Kunden ein im Grunde gleiches Produkt einem anderen vorziehen.

Es darf allerdings nicht vergessen werden, dass auch die indirekte Strategie Ressourcen benötigt. Ihr oft geringer Anteil darf über ihre wichtige Rolle nicht hinwegtäuschen. Ohne Ressourcen gibt es keine Strategie. Wissen ist der entscheidende strategische Vorteil im Wettbewerb. Das Wissen ist in den Mitarbeitern verkörpert und stellt die strategische Ressource im Unternehmen dar. Auf Wissen bauen nicht nur die Kernkompetenzen des Unternehmens auf. Wissen ist auch nach außen gerichtet in Form von Überzeugung der Kunden, Beeinflussung wichtiger anderer Stakeholder oder der Desinformation der Konkurrenten. Kommunikation ist der Kern der *indirekten* Strategien.

Die Situation entscheidet, ob ein bestimmtes Ziel auf dem Weg der direkten oder der indirekten Strategie erreicht werden soll. Das entscheidende Kriterium für die Auswahl der Strategie wie auch für die Ausführung der Aktionspläne ist die *Handlungsfreiheit*. Die Absicherung der eigenen Handlungsfreiheit und die Fähigkeit, den Konkurrenten die ihrige durch das Anbieten einer besseren Problemlösung zu einem günstigeren Preis zu rauben, sind die Grundelemente des strategischen Spiels.

Die Strategie ist deshalb eine *ständige Weiterentwicklung*, also ein Prozess, der auf Hypothesen beruht, die erst im Laufe der Aktion selbst auf ihre Stichhaltigkeit geprüft werden können. Schätzt man die Hypothesen aber falsch ein, dann macht sich das im Falle von Fehlentscheidungen teuer bezahlt. Der strategische Prozess muss deshalb laufend korrigiert und den neuen Entwicklungen angepasst werden.

*Strategie ist ständige Neuschöpfung*

Das strategische Denken wird im Allgemeinen von der Überzeugung geprägt, dass das Ganze wichtiger sei als der Teil und nicht umgekehrt. Es geht weniger darum, kleine Verbesserungen als vielmehr große Veränderungen anzustreben, wobei in einem strategischen Gesamtkonzept externe Standards als Vergleichsmaßstäbe herangezogen werden.

Ganzheitliches Denken lässt sich in folgenden Fragen erkennen: Wie effizient und rasch bewegen sich das Unternehmen und seine strategischen Geschäftseinheiten im Vergleich zur Konkurrenz? Liegen die Wirtschaftsergebnisse des Unternehmens und seiner Teile über oder unter denen der Hauptkonkurrenten? Werden Möglichkeiten erkannt und genutzt, die die Konkurrenten nicht wahrnehmen und umsetzen?

*Ganzheitliches Denken*

Ganzheitliches Denken ist »Denken in großen Entwürfen«, in neuen Geschäftsmodellen, in radikalen oder nicht-linearen Innovationen.[55] Die logischen Folgen dieses Denkens sind zweifacher Art:
1. eine deutliche Bevorzugung strategischen Denkens und Handelns gegenüber operativen Aktionen und
2. die Überzeugung, dass die Beherrschung der jeweiligen Situation auf höherer Ebene und die Durchführung der Aktionen als Ganzes alle Fehler und Irrtümer ausgleichen, die im Detail von den Führungskräften und Mitarbeitern auf den unteren Verantwortungsebenen begangen werden.

Im wirtschaftlichen Bereich herrscht zwischen Strategie und Taktik meist eine *ausgeglichene Haltung* vor, bei der die Vorherrschaft eines dieser in Wechselwirkung stehenden Faktoren über den anderen abgelehnt wird.[56] Dabei wird der enge Zusammenhang zwischen Strategie und Taktik betont, der es nicht erlaubt, strategische Erwägungen dauernd taktischen unterzuordnen und umgekehrt. Je nach Wettbewerbssituation muss einmal die Strategie, und einmal die Taktik wichtiger sein, langfristig müssen jedoch beide in einem harmonischen Verhältnis zueinander stehen. Doch letzten Endes sind die unternehmerischen Entscheidungen auf dem Wege des strategischen Denkens zu suchen, das am besten geeignet scheint, die Leadership-Qualitäten der Führungskräfte zur Geltung zu bringen.

### Der Fall Tornos

Der Schweizer Drehmaschinen-Hersteller Tornos wurde im Jahr 2002 Opfer seiner hohen Abhängigkeit von der Mobilfunkindustrie. In dem Ausmaß, wie dieser Sektor an Dynamik verlor, begann auch Tornos zu stagnieren. Die von Tornos hergestellten Werkzeugmaschinen waren überwiegend auf Bereiche ausgelegt, in denen mit kleinsten Durchmessern gearbeitet wird. Sie gelangten deshalb vorwiegend in der Elektronikbranche zum Einsatz. Die Konkurrenten, die über eine breitere Maschinenpalette verfügen als Tornos, überstanden die Krise entsprechend besser. Tornos hat das Ausmaß der Schwierigkeiten nicht richtig und vor allem nicht rechtzeitig erkannt. Das Unternehmen musste redimensioniert, der Werkzeugmaschinen-Mix erneuert und die Belegschaft um knapp ein Drittel abgebaut werden. Die angespannte Finanzlage gestattete es Tornos nicht, einen Sozialplan bereitzustellen.

Der Fall zeigt, dass eine zu starke Fokussierung auf eine Branche und auf wenige, exzellente Produkte ein strategischer Fehler ist. Exogene Ursachen können schwerwiegende Folgen für Gewinn und Beschäftigung haben.

(Quelle: NZZ, Nr. 129, S. 25, 2002)

Strategisches Denken und Handeln beruhen auf einer operativen Synthese von strategischen und taktischen Faktoren. Es kommt immer auf die vorurteilslose Beurteilung der Lage und ihrer voraussichtlichen Entwicklungen an, unbehindert von überholten Anschauungen und getragen von schöpferischen Lösungen in einer ganzheitlichen Perspektive.

Die Strategie ist, um Moltke zu zitieren, die Anwendung des gesunden Menschenverstandes; denn dieser erfasst auf intuitive Weise eine Gesamtheit, während das Verstandesdenken die Erscheinungen zerlegt. Der gesunde Menschenverstand bemächtigt sich der Dinge und Erscheinungen gleichsam von innen her, erschaut sie aus dem Zentrum ihres Wesens und ist somit intuitive Ganzheitsschau, die allerdings dem Urteil der Vernunft standhalten muss.

*Gesunder Menschenverstand*

### Starke und schwache Formen der Strategie

> »Strategy thinking says, ›Differentiate yourself. Make yourself unique. Come up with your own distinctive positioning in the market-place‹.«
> Michael Porter

Offensive, Defensive und Rückzug können taktischem und strategischem Verhalten zugeordnet werden, so dass sich sechs Varianten der Strategie unterscheiden lassen (Abb. 9):
- die taktische Offensive,
- die strategische Offensive,
- die taktische Defensive,
- die strategische Defensive,
- der taktische Rückzug und
- der strategische Rückzug.

*Sechs Varianten der Strategie*

| Vorgehensweise | | Rückzug | Defensive | Offensive |
|---|---|---|---|---|
| | Strategisch | **Strategischer Rückzug** Der Umweg (schwierigste Form) zum Aufbau neuer Gewinnpotentiale | **Strategische Defensive** Der Umweg (starke Form) führt oft am schnellsten und sichersten zum Ziel | **Strategische Offensive** Der direkte Weg zum Ziel |
| | Taktisch | **Taktischer Rückzug** Zeitgewinn: Wozu? | **Taktische Defensive** Die stärkste Form | **Taktische Offensive** Direkter Weg: Wohin? |

Arten der Strategie

*Abb. 9: Starke und schwache Formen der Strategie*

## Die taktische Offensive: Der direkte Weg in Richtung auf ein kurzfristiges Ziel

**Direkt und kurzfristig zum Ziel**

Bekannt sind die Worte Napoleons auf St. Helena: »Unter dem Konsulat fragten mich wahre Freunde und treue Anhänger oft mit den besten Absichten und zu ihrer eigenen Aufklärung, wohin ich zu steuern gedenke. Ich habe stets geantwortet, dass ich dies nicht wisse. Sie waren überrascht und vielleicht unzufrieden, und dennoch sprach ich die Wahrheit. Später, im Kaiserreich, als weniger Vertraulichkeit herrschte, schienen mir abermals viele Gesichter die gleiche Frage zu stellen, und ich hätte ihnen stets die gleiche Antwort geben können.« Treffen diese Worte nicht auch auf viele Unternehmer und Führungskräfte zu, die Offensivstrategien ohne ein klar definiertes, langfristiges Ziel verfolgen? Diese Art von Strategie kann als *taktische Offensive* bezeichnet werden. Sie ist der direkte Weg in Richtung auf ein kurzfristiges Ziel. Eine solche taktische Offensive ist in der Regel mit einer Verzettelung der Kräfte und somit mit einem hohen Risiko verbunden. Viele Unternehmer sind, wie einst Napoleon (»On s'engage partout et puis l'on voie«), an der taktischen Offensive gescheitert.

Eine originelle Kooperation?

Im Jahr 2000 gehen Fiat und General Motors eine kreuzweise Beteiligung ein, indem beide Unternehmen Aktienpakete austauschen. GM erwirbt 20 Prozent des Aktienkapitals von Fiat Auto, Fiat beteiligt sich mit fünf Prozent an GM. Das *strategische* Ziel dieser originellen Form der Kooperation ist unklar; es werden *taktische* Vorteile im Bereich gemeinsamer Plattformen, Lieferanten, Logistiksysteme angestrebt. Fiat scheint lediglich auf Einflüsse von außen zu reagieren.

**Probleme und Gefahren**

Die taktische Offensive ist immer mit Problemen und Gefahren verbunden: Jeder einzelne Schritt mag, für sich betrachtet, vernünftig sein. Oft gelangt man aber dadurch in eine Position, die man so nicht angestrebt hat. Sie ist dann angebracht, wenn das Unternehmen bestimmten Konkurrenten ihre Grenzen zeigen will.

*Die strategische Offensive: Der direkte Weg zu einem langfristigen Ziel*

Im wirtschaftlichen Bereich ist das Ziel der strategischen Offensive, neue Gewinnpotenziale zu erschließen, die Kunden zu begeistern und dadurch eine auf Dauer haltbare, führende Wettbewerbsposition einzunehmen. Initiativ und risikoreich zum Ziel

Die strategische Offensive trägt den Vorteil der Initiative in sich. Sie schreibt den Konkurrenten das Gesetz des Handelns vor. Sie ist, wie Moltke es ausdrückt, »der gerade Weg zum Ziel«. Sie zählt zu den direkten Strategien und bietet sowohl die größte Handlungsfreiheit als auch die Möglichkeit der Überraschung. Das Risiko ist, wie bei allen direkten Strategien mit großem Ressourceneinsatz, hoch. Die Motivationswirkung, die vom Bestreben ausgeht, eine neue Pionierphase einzuleiten, ist allerdings ebenfalls groß. Vorteile

> **Weltbewegende Glitzerwelt**
>
> Swarovski, der weltweit größte Hersteller von geschliffenem Kristall, erschließt durch die »Kristallwelten« – eine geheimnisvolle Erlebniswelt in der Nähe von Innsbruck – ein ganz neues Gewinnpotential. Die »Kristallwelten« werden jährlich von rund 1,5 Millionen potentiellen Kunden besucht.

Alle erfolgreichen Offensivstrategien in der Wirtschaft zeichnen sich durch ein gemeinsames Merkmal aus:
- Sie beruhen auf nicht-linearen Innovationen,
- sind unter strategischen Gesichtspunkten konzipiert,
- mit dem Ziel, die Kunden noch wettbewerbsfähiger zu machen,
- die Marktstruktur im Interesse des Unternehmens zu verändern sowie
- in der neuen Marktstruktur eine führende Position einzunehmen und auf Dauer zu halten.

## Die taktische Defensive: Die stärkste Form der Strategie

*Risiko niedrig, Erfolgsaussichten hoch*

Die taktische Defensive verteidigt bestehende Gewinnpotenziale. Ihr Zweck ist, die eigene, in der Regel führende Wettbewerbsposition und die Performance des Unternehmens zu erhalten. Die taktische Defensive ist somit die leichtere und die an sich stärkste Form der Strategie. Beispiele sind: Strukturanpassungen, Rationalisierungsmaßnahmen, Kostensenkungen, Reengeneering und dergleichen mehr. Das Risiko der taktischen Defensive ist in der Regel niedrig, die Erfolgsaussichten sind hoch.

### Konzentration auf den Kernauftrag

Xerox ist ein großes, weltweit tätiges Unternehmen, bekannt durch seine innovationsorientierte Kultur; aus seinen Laboratorien stammen viele Erfindungen, die sich heute in fast jedem PC finden.

Die Gründe für den Erfolg von Xerox sind
- ein klarer Kernauftrag, der die Innovation als wesentlichen, jedoch nicht ausschließlichen Erfolgsfaktor der Kunden sieht;
- die Konzentration auf bestehende Produkte und Dienstleistungen;
- eine flexible Handhabung von strategischen Partnerschaften, da nicht alle Innovationen im Unternehmen selbst verwertet werden können.

## Die strategische Defensive: Der Umweg zum Ziel

*Handeln aus einer Position der Stärke*

Die strategische Defensive ist eine indirekte Strategie, die einen Umweg zum Ziel bedeutet. Bestehende Gewinnpotenziale werden aus einer Position der Stärke heraus verteidigt, nicht wettbewerbsfähige Unternehmensteile verkauft und der Cash-flow-Überschuss genutzt, um die bestehenden Gewinnpotenziale zu stärken. Die strategische Defensive will vor allem verhindern, daß Konkurrenten in die von unserem Unternehmen beherrschten Märkte eindringen. Dieses Ziel lässt sich durch den Kauf bestimmter Konkurrenten, durch die Stillegung erworbener Produktionsstrukturen, durch die Kontrolle bestimmter Vertriebskanäle, durch Vorwärtsintegration und dergleichen mehr erreichen.

Die psychologischen Vorteile der Defensive – genaue Kenntnis des Terrains, auf dem sich der Wettbewerb abspielt, Beherrschung der Technologien – liegen auf der Hand. Da es sich um einen Umweg zum Ziel (nämlich dem Halten bestehender Gewinnpotenziale) handelt, ist das Risiko, wie bei jeder indirekten Strategie, relativ niedrig.

Indirekte Strategie

Feindliche Übernahme

SAP ist Weltmarktführer bei standardisierter Firmensoftware. Mit der feindlichen Übernahme von Peoplesoft im Juni 2003 will Oracle seine Position auf dem Weltmarkt konsolidieren oder sogar die Vormacht von SAP brechen. Oracle will nicht die Produkte von Peoplesoft, sondern das Unternehmen vom Markt verschwinden lassen. Die Kunden von Peoplesoft sollen zu Oracle wechseln. Durch die Übernahme soll Oracle noch profitabler und wettbewerbsfähiger werden.

*Der taktische Rückzug: Zeit gewinnen*

In allen Unternehmen gibt es inzwischen Geschäftseinheiten, für die sich die Wettbewerbsbedingungen so rasch und tiefgreifend geändert haben, dass sie Werte vernichten. Diese Geschäftseinheiten, die weder zum gegenwärtigen noch zum zukünftigen Gewinn des Unternehmens beitragen, müssen saniert, verkauft oder aufgegeben werden. Der taktische Rückzug zeigt sich darin, dass der Cash-flow nicht zum Aufbau neuer Gewinnpotenziale verwendet wird. Das Unternehmen braucht kurzfristig Geld, verfolgt aber keine Strategie.

Kurzfristige Perspektiven und Zeitgewinn

Wechselnde Wettbewerbsbedingungen

Ein japanisches Maschinenbauunternehmen kann seit vielen Jahren im Komponenten-Bereich aufgrund der kleinen Serien nicht die Kostensituation der größeren Konkurrenten erreichen. Nach Jahren erfolgloser Bemühungen wird der Komponenten-Bereich verkauft, und zwar zu einem viel niedrigeren Preis als dem, der erzielt hätte werden können, wenn die Entscheidung Jahre zuvor getroffen worden wäre.

**Taktischer Rückzug negativ qualifiziert**

Der taktische Rückzug ist negativ qualifiziert. Ein einziger Vorteil liegt im Zeitgewinn. Die Frage ist allerdings: Zeitgewinn wozu? Wird in Sanierung investiert, obwohl objektiv die Voraussetzungen hierfür nicht gegeben sind, bedeutet der taktische Rückzug eine Verschwendung von anderweitig benötigten Ressourcen. »Der Weise ist der«, sagt ein altes Sprichwort, »der heute tut, was der Dumme drei Tage später macht«. Der taktische Rückzug ist daher die schwächste Form der Strategie.

*Der strategische Rückzug: Über Umwege Neues schaffen*

**Rückzug und Aufbau neuer Gewinnpotenziale**

Der strategische Rückzug ist ein Umweg zum Ziel: Es werden beispielsweise die Produktlinien aufgegeben, mit denen keine Marktführerschaft aufgebaut werden kann und die auch keine Synergieeffekte zu anderen Geschäftseinheiten aufweisen. Die freiwerdenden Ressourcen werden nach einem strategischen Konzept produktiveren Zwecken zugeführt oder für den Aufbau neuer Gewinnpotenziale verwendet.[57]

Unternehmer und Führungskräfte, die Produkte aufgeben, mit denen sie selbst groß geworden sind, geben einen Teil ihrer Persönlichkeit auf. Die Rückzüge großer Feldherren und kriegsgeübter Heere gleichen stets, um mit Clausewitz zu reden, dem Abgang eines verwundeten Löwen. Friedrich der Große weist in seinen Generalprinzipien darauf hin, dass das größte Feldherrngenie sich in den strategischen Rückzugsoperationen zeige. Der strategische Rückzug wird, da er ein Umweg zum Ziel ist, als schwache Form der Strategie bezeichnet. Er ist jedoch die vielleicht schwierigste Form der Strategie. In der Tat zeigt sich strategische Führungskompetenz am deutlichsten in den strategischen Rückzugsoperationen.

> Neue Ressourcen erschließen
>
> Der Verkauf von Aventis Cropscience an Bayer ist eine Form des strategischen Rückzugs. Die freigesetzten Ressourcen dienen dem weiteren Ausbau des Pharmageschäftes von Aventis.

In der Strategie gibt es keinen Sieg: Auf diese einfache Tatsache hat Clausewitz aufmerksam gemacht: Siege werden durch die Strategie vorbereitet, aber durch die Taktik, also durch die Aktionspläne und deren Umsetzung errungen. »Der taktische Sieg ist nur dann entscheidend«, sagt Moltke, »wenn er am strategisch richtigen Ort gewonnen wird.« Dazu gehören im wirtschaftlichen Bereich ein strategisches Gesamtkonzept, Überlegenheit in entscheidenden Bereichen der Wertschöpfungskette, strategische Netzwerke, in denen die gemeinsamen von den auszulagernden Tätigkeiten genau festgelegt sind und strategische Führungskompetenz. Unternehmerische Erfolge werden durch die Strategie vorbereitet und durch die Umsetzung sowie die operative Effizienz erzielt.

»Siege« werden in der Umsetzung erzielt

Die Beschäftigung mit der Strategie und mit ihren starken und schwachen Formen kann Unternehmer und Führungskräfte bei ihrer strategischen Selbsterziehung leiten und vielleicht dazu beitragen, das Handeln im Wettbewerb, für das es kein Schema gibt, weniger schwierig zu machen.

### Positive und negative Leitsätze der Strategie

> »Man muss seine Maßnahmen der Zeit und den Umständen anpassen.«
> Niccolò Machiavelli

Auf den englischen Militärhistoriker Liddell Hart geht der Versuch zurück, aus der Kriegsgeschichte »einige Erfahrungssätze herauszuarbeiten, die so universell und so grundlegend zu sein scheinen, dass man sie Axiome nennen könnte«.[58] Napoleon war sich stets bewusst, dass nur das Praktische brauchbar ist. So sind auch die folgenden Leitsätze auf der Grundlage von Liddell Harts Ausführungen keine abstrakten Prinzipien, sondern Maximen für den praktischen Gebrauch.

*Positive Leitsätze der Strategie*

- Stimmen Sie Ihr Ziel auf die zur Verfügung stehenden Ressourcen und dynamischen Fähigkeiten ab. Denn »am

Ressourcen bedenken

83

Anfang jeder strategischen Weisheit steht das Gefühl für das Mögliche.«[59]

*Ziel vor Augen halten*
- Verlieren Sie das Ziel niemals aus den Augen.[60] Geben Sie kurzfristige und nahe liegende Vorteile zugunsten langfristiger und nachhaltiger Vorteile auf. Seien Sie unbeeinflusst von unmittelbaren und vorübergehenden Vorteilen, die nicht in Einklang mit der zukünftigen angestrebten Marktstruktur stehen und weniger Optionen offen lassen, als Sie heute haben.

*Sich in die Lage der Konkurrenten versetzen*
- Wählen Sie den Weg oder die Methode, die der Konkurrent am wenigsten erwartet. Versuchen Sie, sich in den Konkurrenten hineinzudenken, und überlegen Sie, welchen Weg er wohl für am wenigsten wahrscheinlich ansieht.

*Geringsten Widerstand nutzen*
- Nutzen Sie die Richtung des geringsten Widerstandes aus – solange sie Sie dem Endziel näher bringt. Leiten Sie die langfristigen und nachhaltigen Vorteile aus der angestrebten Marktstruktur ab, die auch den Konkurrenten Handlungsspielraum gewährt.

*Möglichkeiten offen lassen*
- Legen Sie Ihre Aktionen so an, dass sie die Wahl zwischen mehreren (Teil-)Zielen lassen. Denn so werden Sie dem Konkurrenten Rätsel aufgeben, die einen Großteil dazu beitragen können, dass Sie wenigstens ein Ziel erreichen – und zwar das, welches er am wenigsten erwartet.

*Flexibel sein*
- Stellen Sie sicher, dass sowohl Ihr strategischer Plan als auch die einzelnen Aktionspläne flexibel sind, damit sie sich den wandelnden Verhältnissen anpassen lassen. Ihr Plan soll hinsichtlich des nächsten Schrittes sowohl den Fall des Erfolges als auch den des Fehlschlags vorsehen. Wichtig ist aber auch, sich auf einen möglichen Teilerfolg einzustellen, der im Wettbewerb am häufigsten vorkommt. Ihre Aktionspläne sollten so gestaltet sein, dass nicht vorhergesehener Möglichkeiten oder Anpassungen an schlecht kalkulierte Risiken in kürzester Zeit ausgenutzt werden können.

*Negative Leitsätze der Strategie*

*Konkurrenz beobachten*
- *Geben Sie Acht bei einem Konkurrenten, der selbst auf der Hut ist;* dessen Wettbewerbsposition so gut ist, dass er auf Ihre Aktionen reagieren oder ihnen ausweichen kann. Abgesehen von den Fällen sehr unterlegener Konkurrenten lehrt die Erfahrung, dass keine wirkungsvolle Aktion möglich ist, solange die Kraft des Konkurrenten, Widerstand zu

leisten oder auszuweichen, nicht gelähmt ist. Vermeiden Sie extreme Reaktionen, die zur Bildung von Koalitionen seitens der Konkurrenten führen können.

Die positive Konsequenz dieses Leitsatzes: Blicken Sie über den eigenen Tellerrand hinaus und versuchen Sie, Ihre Wertschöpfungsketten mit Wertschöpfungsketten in anderen Märkten zu integrieren und zu koordinieren. *Benachbarte Märkte im Blick*

- Nehmen Sie keine Strategie in gleicher Form wieder auf, wenn die erste fehlgeschlagen ist. Einfache Kräfteverstärkungen reichen nicht aus, denn wahrscheinlich hat auch der Konkurrent in der Zwischenzeit seine Maßnahmen verstärkt. Wahrscheinlich ist sogar, dass die erfolgreiche Abwehr Ihres ersten Angriffs ihn moralisch gestärkt hat.

*Die positive Konsequenz dieses Leitsatzes*: Erwägen Sie die Möglichkeit, die eigene Strategie zu ändern und durchdenken Sie die Bedingungen für mögliche Kooperationen, Joint Ventures und Allianzen sowie für die Einbindung des Unternehmens in strategische Netzwerke.

### Die drei goldenen Regeln der Strategie

»Das Glück hilft dem nicht, der sich nicht anstrengt.«
Leonardo da Vinci

*1. Sich in die Zukunft versetzen*

Strategisches Handeln ist etwas, das die ganze Persönlichkeit des Handelnden erfordert. Hier ist kein Ausweichen in Regeln, eine Objektivierung durch Berechnungen nur begrenzt möglich. Die quantitative Bewertung strategischer Alternativen kann aber dem Handelnden die Entscheidung nicht abnehmen. Die strategische Entscheidung ist allerdings auch nicht willkürlich – außer bei Spielernaturen, die sich um das Risiko nicht kümmern. »Man hat sich in die Lage *nach* Eintritt des unsicheren Ereignisses zu versetzen. Ist es ungünstig, so soll man auch dann noch sagen können: Der Versuch war es wert gewesen. Ist es günstig, so soll man sich auch nachher keine Vorwürfe machen müssen, dass man mit ein wenig mehr Wage- *Sich mental in die Zukunft versetzen* mut ein entscheidend besseres Ergebnis hätte erreichen können. Man muss sich da zu einem Entschluss durchringen, dessen Konsequenzen man aber im Voraus überlegt hat und dessen Risiken man zu tragen gewillt ist.«[61]

Eine strategische Entscheidung – Entwicklung eines neuen Produktes, Eintritt in einen neuen Markt, Standortanpassungen – ist keine leichte Sache. Sie verlangt den Einsatz von quantitativen Methoden, innerer Stärke, Professionalität, Auseinandersetzung mit anderen, die von der Richtigkeit der Entscheidung überzeugt werden müssen – und am Ende Glück.

*Glück zieht man an* Für die Römer war Glück – fortuna – eine Tugend. Man war für ihr Fehlen verantwortlich. Glück zu haben ist immer auch eine persönliche Eigenschaft. Denn niemanden kann die Entscheidung über sein Risikoverhalten abgenommen werden. In der Fähigkeit, Prognosen zu erstellen, die dem tatsächlichen Lauf der Dinge nahe kommen, und in der Fähigkeit, daraus Nutzen zu ziehen, zeigt sich die unternehmerische Funktion. Da der Wettbewerb aber aus vielen Zufälligkeiten und aus vielem Unerwarteten besteht, liegt die unternehmerische Fähigkeit auch darin, niemals den Gesamtüberblick zu verlieren und diese Zufälligkeiten und unvorhergesehenen Ereignisse im Sinne der Strategie zu nutzen.

## 2. Die Strategie in Gedanken wiederholen

Jede Strategie wird nur einmal ausgeführt und ist unwiederholbar. Ihr Ergebnis, was es auch sei, ändert die Situation des Unternehmens und die Einstellungen der Entscheidungsträger, so dass spätere Strategien nicht vergleichbar mit dieser sind. Der Stratege wird alle Faktoren, die auf das Ergebnis einen Einfluss haben können, einzeln und in Kombination mit Hilfe von Simulationsverfahren in Erwägung ziehen, also etwa
- die Reaktionen der Konkurrenten,
- die Kaufeinstellung der Kunden,
- das Verhalten der Institutionen,
- das Produktions-, Vertriebs- und Logistiksystem,
- die Ressourcen und dynamischen Fähigkeiten des Unternehmens,

- die Einsatzbereitschaft der Mitarbeiter,
- die Qualität der Führungssysteme usw.

Nach Clausewitz hat der General die Schlacht bereits verloren, der vor Beginn mehr als sieben Fragen stellt. Diese Faustformel weist auf die begrenzte Informationsverarbeitungskapazität des Menschen hin. Das In-Erwägung-Ziehen besteht darin, dass er die »Fortbildung des leitenden Gedankens« geistig vorwegnimmt und sich die möglichen Auswirkungen jedes der Faktoren dabei überlegt. Keiner der Faktoren ist in seinen Auswirkungen sicher. Für jeden gibt es verschiedene Auswirkungsmöglichkeiten, und jede dieser Möglichkeiten muss in Betracht gezogen werden. Wenn der Stratege nun den Verzweigungen aller Möglichkeiten nachgeht, Aushilfen überlegt und (subjektive) Wahrscheinlichkeiten berücksichtigt, tut er nichts anderes, als die Strategie in Gedanken sehr oft zu wiederholen und sich auf das Wesentliche zu konzentrieren. Sind die Ergebnisse bei den verschiedenen Kombinationen von Möglichkeiten günstig, wird sich der Erfolg der Strategie sehr wahrscheinlich einstellen.[62]

*Visualisierung der Strategie*

Natürlich kann die Strategie zum Erfolg führen, auch wenn der Unternehmer oder die Führungskraft das für unwahrscheinlich hält. Aber das ist ein Hasardeurspiel, das – öfter in verschiedenen Situationen angewandt – zum Ruin führen muss.

*3. Die Strategie unter ethischen Gesichtspunkten durchdenken*

Strategie heißt verändern. Verändern braucht eine ethische Grundhaltung. Ethische Probleme können an allen Schnittstellen des Unternehmens auftreten. Sie bewegen sich in einer gesetzlichen Grauzone. Ihr Umgang liegt im Ermessensspielraum des Handelnden. Beispiele sind:
- Bezahlung von »nützlichen Aufwendungen« zur Erlangung von Aufträgen,
- Entscheidungen bei Abbau oder Fehlverhalten von Mitarbeitern,
- Maßnahmen zur Verschönerung von Bilanzen,
- Verletzung der Interessen von Minderheitsaktionären,
- unehrliche Informationspolitik.

**Lebenswerte und Gewinn**

Der Innsbrucker Universitätsprofessor und Wirtschaftsethiker Elmar Waibl[63] schärft anhand von zahlreichen Beispielen das Bewusstsein dafür, dass es in der Wirtschaft nicht nur um Geld und Gewinn geht, sondern auch um Lebenswerte und Weltgestaltung. Er zeigt, wie sehr die Wirtschaft die Wirtschaftsethik braucht, damit gute Geschäfte auch wirklich *gute* Geschäfte sind.

Die folgenden Grundsätze können helfen, sich rechtzeitig auf Situationen einzustellen, in denen ethisches Verhalten gefordert ist.[64]

*Deontologische Grundsätze: Sei gerecht, sag' die Wahrheit!*

**Deontologische Ethik**

Ethik als Pflichtenlehre wird als Deontologie bezeichnet. Eine Handlung ist ethisch richtig oder zwingend, nicht weil sie zu guten Konsequenzen führt, sondern aufgrund der guten Gesinnung des Handelnden. Der kategorische Imperativ Kants ist ein solcher Grundsatz. Seine Forderungen:
- Handle so, wie du selbst behandelt werden willst.
- Handle nur aus Motiven, die für jedermann Gültigkeit haben können.
- Gebrauche einen Menschen nie (nur!) zum Mittel für einen übergeordneten Zweck.

Dies sind Maximen der praktischen Vernunft. Sie sind allerdings mehr ein Rahmen für Handlungsprinzipien als der Inhalt konkreter Verhaltensregeln.

*Teleologische Grundsätze: Das größte Glück der größten Zahl! Optimiere die Folgen!*

**Teleologische Ethik**

Teleologie ist die Lehre von der Zielgerichtetheit jeder Entwicklung. Eine Handlung ist ethisch richtig oder zwingend, wenn sie unter Beobachtung ihrer Folgen zum Ziel führt. Ihre Forderungen:
- Bedenke die Folgen deiner Handlungen.
- Setze keine sittlich bedenklichen oder gefährlichen Mittel ein.
- Lass dich in deinen Entscheidungen vom Wohl des Unternehmens leiten.
- Von zwei Übeln wähle das kleinere.

Es handelt sich ebenfalls um Maximen der praktischen Vernunft. Sie erlauben viele Interpretationsmöglichkeiten und eröffnen einen großen Ermessensspielraum.

## Ethik des Gewissens

Die Ethik des Gewissens setzt ein ausgebildetes und informiertes Gewissen voraus: Die goldene Regel: »Tue keinem, was du nicht willst, dass man dir wieder täte« ist defensiv. Es ist eine Frage der Weltanschauung, ob man sich für diese Form entscheidet oder die andere, wesentlich aktivere Form bevorzugt: »Handle anderen gegenüber so, wie du wünschest, dass sie sich zu dir verhielten«. Die goldene Regel ist in vielen Fällen schwer anwendbar: Man denke an Kündigungen, an Angriffe auf einen schwachen Konkurrenten, an feindliche Übernahmen und dergleichen mehr.

Goldene Regel

### Der Fall Von Roll

Der Schweizer Manager R. L., ehemaliger Spitzenmanager der Technologiegruppe Von Roll, wurde im Februar 2003 in Bonn im Zusammenhang mit einer Bestechungsaffäre um ein Heizkraftwerk in der Stadt wegen Beihilfe verurteilt. L. war vorgeworfen worden, dass er Bestechungsgelder des ABB-Konzerns weitergeleitet hatte. Die *Neue Zürcher Zeitung* kommentierte den Fall, nachdem der Manager im Juli 2002 am Flughafen Amsterdam verhaftet worden war. Die von Roll Gruppe bedauerte damals die Verhaftung ihres Spitzenmanagers und betonte, dass sie selbst nicht in das Verfahren verwickelt sei. Hier ein Auszug aus dem Kommentar der Schweizer Zeitung:

»Es gibt Dinge im Leben, da muss man wegsehen. Doch kein Unternehmen darf Bestechungen tolerieren, weder die passive, die entgegennimmt, noch die aktive, die darbietet. Bestechungen verfälschen Märkte, sie täuschen Stärken vor, sie verderben die interne Kultur, und zum Schluss ersticken sie das Unternehmen. Ja sie können ganze Volkswirtschaften ruinieren. Die passive Bestechung, die in jedem Fall eine persönliche Beleidigung ist, muss reflexartig abgelehnt werden; wer zögert und aus Neugierde nachfragt, ist bereits ver-

loren – kein Mensch erfährt davon. Die aktive Bestechung kann unterbunden werden, indem die Unternehmensführung das Rechnungswesen transparent gestaltet und keine ›Krokodilsfonds‹ erlaubt. Vorbeugend sind scharfe Richtlinien zu erlassen; das Aufzugsunternehmen Schindler etwa droht in seinem Reglement mit Entlassung. Beigefügt sei, dass Bestechungen von Beamten in allen Ländern strafbar sind, da braucht gar nicht auf eine Ethik zurückgegriffen zu werden. Und ergänzt sei, dass die grundsätzliche Bedeutung der Frage die Unternehmensleitung verpflichtet, sich selbst darum zu kümmern.«
(Quelle: NZZ, Nr. 173, 29.7.2002, S. 5)

**Verantwortung für die Folgen** Der deutsch-amerikanische Philosoph und Religionshistoriker Hans Jonas (1903–1993) betont die Pflicht, sich Wissen zu beschaffen und eine kollektive wie persönliche Verantwortung für die Zukunftsfolgen unserer Handlungen zu übernehmen. Seine Maximen:
- Handle so, dass die Wirkungen deiner Handlungen verträglich sind mit der Permanenz echten menschlichen Lebens auf Erden (offensiv).
- Handle so, dass die Wirkungen deiner Handlungen nicht zerstörerisch sind für die künftige Möglichkeit solchen Lebens (defensiv).

**Der kommunikative Diskurs** Dieses Handlungsprinzip ist nur dann verbindlich, wenn die Entscheidungsträger eigene Meinungen und Interessen kritisch reflektieren und die Rolle eines argumentativen Dialogpartners einnehmen, der alle Ansprüche der Stakeholder gleichberechtigt berücksichtigt.[65] Diese argumentationsbezogene Mitverantwortung für die Zukunft wird von Hans Jonas im kommunikativen Diskursprinzip wie folgt ausgedrückt: »Bemühe dich um eine solche Verhaltensweise, der alle sinnvoll Argumentierenden in einem unbegrenzten rein argumentativen Diskurs zustimmen würden.«

**»Spiegel-Test«** Die letzte Instanz ethischen Handelns ist nach Hermann Graf Keyserling inneres Wachstum: »Handle gut, weil du durch Gut-Handeln besser wirst.« Der österreichische Unternehmensberater und Managementtheoretiker Peter Drucker drückt dies in seinem »Spiegel-Test« so aus: »Welche Art von Person möchte ich am Morgen im Spiegel sehen?«

Wenn Wissen-Wollen wissender und Besser-Handeln besser macht, dann liegt ethisches Verhalten im wohlverstandenen Interesse eines jeden einzelnen und eines jeden Unternehmens. Das Talent zur Führung liegt, wie der Management-Professor, Präsidentenberater und Bestseller-Autor Warren Bennis betont, in Charakter und Urteilsfähigkeit begründet. Eine allgemeingültige Ethik kann es nicht geben. Führende müssen mit der Komplexität ethischer Konflikte leben, denn Ethik ist eine strikt persönliche Angelegenheit. Ethisches Handeln verlangt persönliche Entscheidung aus persönlicher Verantwortung heraus. Persönliche Einsicht und argumentativer Diskurs mit anderen sind notwendig und erleichtern die Entscheidung. Wer nach Sicherung verlangt, verkennt die ganze Lage des Problems: Denn jede Entscheidung in ethischen Konfliktsituationen, wie immer sie ausfällt, schafft in irgendeiner Hinsicht Schuld. Unsere erste und wichtigste Verpflichtung in schwierigen Situationen ist, sittlich gut zu handeln, ist zu wissen, was man tut und warum man es tut.

Inneres Wachstum

### Die Strategie als gemeinsame Logik des Handelns

> »Die Herrführer sind mehr zu beklagen als man meint. Ohne sie anzuhören, verurteilt sie alle Welt, die Zeitungen geben sie dem Spott preis, und von den Tausenden, die sie verdammen, versteht vielleicht nicht einer selbst nur die Führung des kleinsten Truppenteils.«
> Friedrich der Große

Es bedarf bei der Formulierung jeder Strategie eines gewissen »Offenlassens« der Möglichkeiten weiterer und fortschreitender Erkenntnis, von der aus dann spezifische, den neuen Bedingungen und Herausforderungen angemessene Entscheidungen getroffen werden.

Möglichkeiten offen lassen

Diese Einsicht in das Wesen der Strategie ist die Grundlage einer *Theorie des praktischen Handelns*. Unternehmer und

Führungskräfte sind mit Unsicherheiten und Unwägbarkeiten konfrontiert. Dem Unberechenbaren und Irrationalen, das sich im Wettbewerb niemals ausschalten lässt, kann man nur begegnen, wenn man sich ihm anpasst, darauf einwirkt und es nutzt, so wie die konkrete Situation es erlaubt. Diese Lehre von der Benutzung des »Augenblicks« in einer strategischen Perspektive und dem entschlossenen Tun ist nichts weiter als ein tief gefasster Realismus. Im »Nebel der Ungewissheit« vermag die Strategie nur den Zufall zu nutzen und auf das angestrebte Ziel hin mit Vorsicht zu lenken. Damit wird die ganze Fülle der in jedem Augenblick aufeinander einwirkenden Faktoren in ihrer Unberechenbarkeit und Unvorhersehbarkeit als *positives Element* gewertet. Die Strategie nutzt die Möglichkeiten, die sich aus dieser Unberechenbarkeit ergeben, im Interesse des Unternehmens.

**Unsicherheit positiv sehen**

Die Strategie als Theorie des praktischen Handelns rechnet wie die Mathematik nicht nur mit rationalen, sondern auch mit irrationalen Größen. Das irrationale Element sind die Verhaltensweisen der Menschen, die man akzeptieren muss oder die man lenken oder beeinflussen kann.

**Handlungsfreiheit notwendig**

Die Lehre vom praktischen Handeln mündet in die Forderung der Handlungsfreiheit, ohne die Führungskräfte und Mitarbeiter ihre Initiative und Kreativität nicht entfalten und Spitzenleistungen erzielen können. Damit ist allerdings wiederum dem Bereich des Zufalls und der Unberechenbarkeit ein weiterer Raum eröffnet. Das Problem des richtigen strategischen Handelns besteht darin
a) den Mitarbeitern die größtmögliche Handlungsfreiheit einzuräumen, damit sie in jedem Augenblick das Zweckmäßigste, d.h. das strategisch Notwendige, tun können und
b) die Mitarbeiter so vorsichtig ohne autoritäre Maßnahmen zu koordinieren, damit sie wenig oder nichts davon merken, dass sie überhaupt in die gewünschte Richtung gelenkt oder beeinflusst werden.

**Entwicklung der Mitarbeiter fördern**

Es ist dies in Wahrheit keine eigentliche »Lenkung« oder »Beeinflussung«, es ist, um mit Wilhelm von Humboldt zu reden, »eine *Beförderung des Wachstums*, so wie ein Gärtner pflanzt und sät und die Wachstumskräfte seiner Pflanzen fördert und ihnen nachhilft, wo es nötig ist, im Übrigen aber wachsen lässt, da dies nur von innen heraus möglich ist«.[66]

Handeln im Team setzt gemeinsames Denken, d.h. einheitliches Verstehen, Begreifen, Urteilen und Schließen voraus, also eine *gemeinsame Logik des Handelns*. Diese gemeinsame Logik des Handelns zu begründen und zum Besitz aller Führungskräfte zu machen, ist Aufgabe der Strategie. Die praktische Aufgabe der Strategie besteht in ihrer *erzieherischen Wirkung* und in der Öffnung des Blicks für die großen Zusammenhänge. Die Erziehung zum Denken ist nicht eine Erziehung zum Handeln, denn sie kann nur die Notwendigkeit der Entscheidung, nicht aber ihren Inhalt lehren.

**Mit welchen Fragen lässt sich die Qualität der Strategie beurteilen?**

> »Die Strategie ist eine Wette auf
> die Zukunft, die unerkennbar ist.«
> Autor unbekannt

Die Strategie beruht auf Annahmen, die erst im Laufe der Umsetzung selbst verifiziert oder falsifiziert werden können. Sind die Annahmen falsch, macht sich das in Verlusten teuer bezahlt. Je dynamischer das Umfeld ist, desto öfter muss die Strategie korrigiert und den neuen Möglichkeiten oder Gefahren angepasst werden.

*Strategie auf dem Prüfstand*

Wie lässt sich die Qualität einer Strategie *vor* ihrer Ausführung überprüfen? Die Beantwortung der folgenden Fragen[67] und der entsprechende argumentative Diskurs können den Ausgangspunkt für eine kohärente Strategie bilden und, was vielleicht noch wichtiger ist, den Prozess des strategischen Denkens unter den Unternehmensmitgliedern fördern (Abb. 10).

**Wie lässt sich die Qualität einer Strategie messen?**

1. Stimmt die Strategie mit der Vision (oder dem Kernauftrag) und der Umweltentwicklung überein? Läßt der Markt eine angemessene Wertsteigerung zu? Erfüllt die Strategie die Haupterfolgsfaktoren im gewählten Marktsegment?

2. Steht die Strategie im Einklang mit dem Kartellrecht, mit der nationalen Gesetzgebung, mit den internationalen Abkommen oder den Gesetzen des Gastlandes?

3. Stimmt die Strategie mit den Führungswerten und der Kultur des Unternehmens überein?

4. Ist die Strategie konsistent mit den jeweiligen regionalen kulturellen Wertvorstellungen und Normen?

5. Steht die Strategie im Einklang mit meinem Gewissen und mit meinen persönlichen Werten?

6. Nutzt die Strategie die dynamischen Fähigkeiten und Ressourcen des Unternehmens? Verfügen wir über eine Kernkompetenz, mit der wir die Konkurrenten distanzieren?

7. Ist die angestrebte Differenzierung auf Dauer haltbar? Ist die Kerndifferenzierung schwer imitierbar? Wenn nicht, beruht die Strategie auf kontinuierlicher Prozessverbesserung und Innovation?

8. Sind die Elemente der Strategie kohärent? Bilden Kernauftrag, Kernkompetenz, Differenzierung, Zeit und ökonomische Logik eine integrierte Ganzheit? Passen sie zueinander und verstärken sie sich gegenseitig?

9. Ist die Strategie umsetzbar? Verfügen wir über die Ressourcen, die dynamischen Fähigkeiten und die Zeit, um die Strategie umzusetzen? Schafft unsere Organisation den Übergang? Ist das Führungsteam fähig und bereit, den unternehmerischen Veränderungsprozess zu führen?

10. Sind ein strategisches und ein finanzielles Controllingsystem eingerichtet?

11. Ist ein Katastrophenplan vorhanden? Ist er aktualisiert worden? Ist eine Führungskraft für die Kommunikation nach außen verantwortlich?

12. Ist eine unternehmerisch denkende und handelnde Führungskraft für die Strategie verantwortlich?

*Abb. 10: Die Beurteilung der Qualität einer Strategie (in Anlehnung an Hambrick/ Frederickson, 2001 und Cullen, 2002)*

## Zusammenfassung für den eiligen Leser

> »Die Strategie besteht darin, als erstes und genau alle möglichen Eventualitäten zu berechnen und dann in den eigenen Berechnungen dem Zufall einen genauen, fast mathematischen Platz einzuräumen. In diesem Punkt darf man keinen Fehler machen, denn sogar eine Dezimale mehr oder weniger kann alles über den Haufen werfen.«
>
> Napoleon I.

In einer Zeit, in der es nur zwei Konstanten – die Beschleunigung der Veränderung und die zunehmende Komplexität aller Dinge – zu geben scheint, muss ein Unternehmen immer vorbereitet sein, unvorhergesehene Möglichkeiten zu nutzen, schlecht kalkulierte Risiken abzuwenden und die Antwortgeschwindigkeit auf neue Bedürfnisse der Kunden und Aktionen der Konkurrenten zu erhöhen. Dazu braucht jedes Unternehmen eine Strategie:

- Die Strategie ist der Weg von der Kernkompetenz zum Kernauftrag des Unternehmens.
- Strategien müssen auf drei Ebenen formuliert werden: auf der Ebene der strategischen Geschäftseinheiten, auf Unternehmensebene und auf Netzwerkebene.
- Indirekte Strategien sind Umwege, die häufig schneller zum Ziel führen als direkte Strategien.
- Es gibt schwache und starke Formen der Strategie; strategische Offensive (profitables Wachstum) und taktische Defensive (performance) sind die ideale Kombination.
- Die drei goldenen Regeln der Strategie sind: sich in die Lage nach Eintritt des unsicheren Ereignisses zu versetzen, die Strategie in Gedanken zu wiederholen, ethische Grundsätze zu beachten.
- Die Strategie ist die gemeinsame Logik des Handelns im Unternehmen.

## Und was sagt Nasreddin?

Nasreddin sitzt mit dem Gesicht nach hinten auf seinem Esel. »Nasreddin«, sagen die Leute, »du sitzt verkehrt auf dem

Esel«. »Nein«, antwortet er, »ich sitze richtig, der Esel schaut in die falsche Richtung.«

*Eine Moral von der Geschichte*

In der Strategie ist es wichtig, dogmatische Vorurteile abzulegen und die Dinge aus verschienen Perspektiven zu betrachten.

# III  Was lässt sich von der Militärstrategie lernen?

»Wenn du etwas lernen willst,
frage einen Erfahrenen und keinen Gelehrten.«
Chinesische Weisheit

Als Napoleon zum ersten Mal das Deck eines englischen Kriegsschiffs betrat und den Matrosen zusah, wie sie den Anker lichteten und die Segel setzten, machte er die Bemerkung, das Schiff sei viel stiller als ein französisches.[68] Auch die folgenden Ausführungen über die Entwicklung des strategischen Denkens sind stiller als die meisten Abhandlungen über Militärstrategie, denn es hallt nicht von Kanonendonner. Es geht um das Wesen der Strategie, und zwar ausschließlich darum, was Unternehmer und Führungskräfte von der Militärstrategie lernen können. Für alle großen Strategen war der Krieg keine Lebensaufgabe und niemand hat den Frieden mehr geschätzt als sie.

*Der Krieg ist Fiasko der Politik*

Das Wesentliche bei der Schulung in strategischem Denken ist nicht der Erwerb von theoretischem Wissen oder von Erfahrungsinhalten, sondern die Formung des Denkens, Fühlens und Handelns, die Verstand und Herz gleichermaßen anspricht. Es geht um Wendigkeit, Professionalität, weltweite Offenheit, raschen Überblick, Deutlichkeit in den Vorstellungen, aber auch um Gleichmut, innere Stärke und festen Willen.

Strategie ist kein abstraktes Lehrgebäude und kein System von starren Regeln. Sie ist, um mit Clausewitz zu reden, wenig Wissen und viel Übung der Urteilsfähigkeit, wenig Materie und viel Form des Denkens. Die folgende Darstellung der Entwicklung des strategischen Denkens soll dazu beitragen, die Urteilskraft zu schulen, den rechten »strategischen Blick« zu erwerben und den strategischen Orientierungssinn auszubilden. Jeder kann die Fähigkeit der strategischen Selbstprägung

*Strategie ist Übung der Urteilskraft*

und -gestaltung entwickeln – wenn es seinem Lebensstil entspricht und bestimmte innere Anlagen vorhanden sind.

Die klarste und tiefste Einsicht in das Wesen der Strategie lässt sich aus dem Studium der Militärstrategie gewinnen. Die Übertragung des militärisch-strategischen Denkens auf den Bereich der Unternehmensführung ist zwar mit Schwierigkeiten verbunden: Der Krieg *vernichtet Werte*, die Wirtschaft *schafft Werte*. Jeder Krieg ist eine Niederlage. Dennoch haben viele strategische Konzeptionen der Militärstrategen vergangener Zeiten immer noch Gültigkeit: Sie sind aktuell, auf alle Lebensbereiche anwendbar und vermitteln Anregungen zum Weiterdenken und zum praktischen Handeln.

»Strategischen Blick« schärfen

Gesunder Menschenverstand, Fähigkeit, die Dinge in der richtigen Perspektive zu sehen und ihnen auf den Grund zu gehen, Vorsicht, Sinn für Proportionen, Gefühl für das Mögliche, Urteilsfähigkeit, Überzeugungskraft, Mut, die Bereitschaft, auch Niederlagen anzunehmen, Glück – all diese Eigenschaften brauchen Unternehmer und Führungskräfte. Ihre Glaubwürdigkeit hängt von der Hingabe an einen gemeinsamen Zweck, der Personifizierung einer Gemeinschaft, Kommunikationsfähigkeit, Professionalität, Übereinstimmung zwischen Worten und Taten, kurzum: Sie hängt von Faktoren ab, die sehr subtil, individuell und situationsspezifisch sind. Sie entziehen sich weitgehend einer Analyse. Die Beschäftigung mit der Militärstrategie kann helfen, den »strategischen Blick« zu schärfen und Einsichten in das Wesen der Strategie zu gewinnen, die für die Wirtschaft nützlich sind.

### Sun Tzu: Der erste Militärstratege aus dem antiken China

»Sich nicht vorzubereiten ist das größte aller Verbrechen; sich auf alle Möglichkeiten einzustellen ist die größte aller Tugenden.«

Sun Tzu

Bereits bei Sun Tzu (auch Sunzi oder Sun Tze geschrieben, lebte im 4. Jh. v.Chr.)[69] findet sich eine Lehre von der Kriegsführung, die über die militärische Strategie hinausgeht und sie als Mittel der Politik einsetzt. Sun Tzus Lehre ist getragen von der Einsicht, dass das wahre »Ziel im Krieg der Frieden ist«[70]. Er schreibt: »In all deinen Schlachten zu kämpfen und zu siegen, ist nicht die größte Leistung. Die größte Leistung besteht darin, den Widerstand des Feindes ohne einen Kampf zu brechen.«[71]

Sun Tzus Buch »Die Kunst des Krieges« enthält viele Wahrheiten, die auch für die Unternehmensführung gültig sind: »Alle Menschen können die einzelnen Taktiken sehen, die eine Eroberung möglich machen, doch fast niemand kann die Strategie sehen, aus welcher der Gesamtsieg erwächst. Militärische Taktik ist dem Wasser ähnlich; denn das Wasser strömt in einem natürlichen Lauf von hohen Orten herunter und eilt bergab [...] Wasser bahnt sich seinen Weg entsprechend der Natur des Bodens, auf dem es fließt; der Soldat erkämpft sich seinen Weg entsprechend der Natur des Feindes, dem er gegenübersteht. Und wie Wasser keine unveränderte Form kennt, gibt es im Krieg keine unveränderlichen Bedingungen.«[72]

*Das Ziel im Krieg ist der Frieden*

Sun Tzu nennt fünf Faktoren und sieben Bedingungen, die jedem General vertraut sein sollen. Wer sie kennt, wird seiner Auffassung nach siegen. Wer sie nicht kennt, wird demnach scheitern.

*Sun Tzus Vermächtnis*

*Die fünf konstanten Faktoren*

- »*Das Gesetz der Moral* veranlasst die Menschen, mit ihrem Herrscher völlig überein zu stimmen, so dass sie ihm ohne Rücksicht auf ihr Leben folgen und sich durch keine Gefahr schrecken lassen.«
- »*Himmel* bedeutet Nacht und Tag, Kälte und Hitze, Tageszeit und Jahreszeit.«
- »*Erde* umfasst große und kleine Entfernungen, Gefahr und Sicherheit, offenes Gelände und schwache Pässe, die Unwägbarkeit von Leben und Tod.«
- Der *Befehlshaber* steht für die Tugenden der Weisheit, der Aufrichtigkeit, des Wohlwollens, des Mutes und der Strenge.«
- »*Methode und Disziplin* müssen verstanden werden als die Gliederung der Armee in die richtigen Untereinheiten, die Rangordnung unter den Offizieren, die Behauptung der Straßen, auf denen der Nachschub zur Armee kommt, und die Kontrolle der militärischen Ausgaben.«[73]

*Wer sie kennt, wird siegen ...*

*Die sieben Bedingungen*

... wer sie beachtet, wird Erfolg haben

- »Welcher der beiden Herrscher handelt im Einklang mit dem Gesetz der Moral?«
- »Welcher der beiden Generäle ist der fähigere?«
- »Bei wem liegen die Vorteile, die Himmel und Erde bieten?«
- »Auf welcher Seite wird die Disziplin strenger durchgesetzt?«
- »Welche Armee ist die stärkere?«
- »Auf welcher Seite sind Offiziere und Mannschaften besser ausgebildet?«
- »In welcher Armee herrscht die größere Gewissheit, dass Verdienste angemessen belohnt und Missetaten sofort geahndet werden?«[74]

Strategie nach Sun Tzu

»Kennst du den Gegner und kennst du dich, so magst du hundert Schlachten schlagen, ohne dass eine Gefahr besteht; kennst du dich, aber nicht den Gegner, so sind deine Aussichten auf Gewinn oder Verlust gleich; kennst du weder dich noch ihn, so wirst du in jeder Schlacht geschlagen werden.«[75]

Sokrates: Nicht nur ein Philosoph

»Ich habe mich mit nichts eingelassen, wo ich weder euch noch mir etwas nutze gewesen wäre.«
Sokrates

Die ältesten Namen taktischer Lehrer, die uns erhalten geblieben sind, sind die eines griechischen Brüderpaares: Enthydemos und Dionysodoros, von denen letzterer bereits als Lehrer der Strategie bezeichnet wird.[76] Sokrates, selbst ein tüchtiger Krieger, erkannte, dass die Taktik nur einen Teil der Feldherrnkunst ausmache. Er kommt in seinen Schriften immer wieder auf die Vielseitigkeit der von einem Feldherrn zu erfüllenden Pflichten zurück: »Da gehören ja aber«, sagt er, »noch tausend andere Dinge zur Feldherrnkunst: die Sorge für Kriegs- und Lebensmittel und die Ausbildung vieler persönlicher Fähigkeiten. Denn ein Feldherr muss erfinderisch an

Sokrates als Stratege

neuen Plänen sein, fruchtbar an schnellen Lichtblicken; tätig, sorgsam und ausdauernd in Strapazen, muss er Güte mit Strenge, Offenheit mit Verstellung, Vorsicht mit Verwegenheit, Freigebigkeit mit Sparsamkeit verbinden, scharfblickend des Feindes Blößen erkennen, voll Aufmerksamkeit die eigenen decken [...]. Freilich ist es gut, wenn er auch *Taktik* versteht. Ein geordnetes Heer ist unendlich viel mehr wert als ein ungeordnetes, denn so wenig ein durcheinander geworfener Haufen von Steinen, Holz und Ziegeln ein Haus bildet, in dem man wohnen kann, ebenso wenig vermag man ein ungeordnetes Heer zu verwenden«.[77]

*Taktik* ist nach Sokrates die Kunst, ein Heer in Schlachtordnung zu stellen, Strategie, wie und wo jeder einzelne Teil des Heeres zu gebrauchen ist. Er erinnert daran, dass Homer Agamemnon, den Heerführer der Griechen, einen Hirten der Völker nennt, womit auf die Pflicht guter Ernährung und richtiger Führung hingedeutet ist.[78] Und mit Begeisterung weist er auf die Macht moralischer Impulse bei der Führung des Heeres hin.[79]

Sokrates als Taktiker

## Xenophon: Das Bild des Führenden

»Der Führer bestärkt seine Autorität unfehlbar, wenn er beweist, dass er alles, was er verlangt, besser beherrscht als die Untergebenen.«
Xenophon

Xenophon war Schüler des Sokrates und dem Wort und der Wichtigkeit nach der erste Kriegsschriftsteller sowie der erste taktische und strategische Reformator der Griechen. Werke Xenophons sind u.a. die »Memorabilien« (oder »Erinnerungen an Sokrates«) und der Oikonomikos; in der »Anabasis« schildert er voll bescheidener Zurückhaltung die Großtat seines Lebens, als er auf dem Rückzug durch Kleinasien die Nachhut der griechischen Söldnertruppe befehligte, die gegen den jüngeren Kyros ausgerückt war. Obwohl er offenbar mehr als einmal der Retter seiner Gefährten geworden war, stellt er sich nirgends, wie etwa Cäsar in seinen Kommentaren oder Napoleon in seinen Bulletins, als der eigentliche Urheber der Erfolge dar, sondern schreibt

Entwickler von Menschen

diese der Tüchtigkeit und Ausbildung seiner Gefährten zu. Auf ihn geht der Satz zurück, dass *die Kunst der Strategie die Kunst der Wahrung der Handlungsfreiheit* ist. Xenophon war seiner Zeit so weit voraus, dass er kaum Nachfolger fand. Sein Ideal eines Strategen, das er in der Gestalt Kyros romanhaft dargestellt hat, ist auch heute noch lesenswert.[80] Der Soldat Aineias schreibt um 370 v.Chr. ein Handbuch der Strategenkunst, das die Andeutungen Xenophons über das Wesen und den Wirkungsbereich eines Strategen systematisch zusammenfasst.

### Alexander, Hannibal, Caesar: Die Taktiker

»Entweder finden wir einen Weg oder wir bauen einen.«
Hannibal

Meister der Taktik  Alexander der Große (356–323 v.Chr.), Hannibal (247/246–183 v.Chr.) und C. Iulius Caesar (100–44 v.Chr.), die in ihrer Person jeweils sowohl die politische als auch die militärische Führung vereinten, planten ihre Kriege und Schlachten auf Jahre voraus. Zusammen mit Belisar, dem germanischen Offizier unter Kaiser Justinian, werden sie zu den Vordenkern der Kunst der Strategie gezählt. Ihre Stärke lag jedoch weniger in ihren strategischen Ansätzen als vielmehr in ihrer Taktik, mit der sie ihre Schlachten gewannen.

Nachdem Hannibal die Römer bei Cannae, 70 Kilometer vor Rom, vernichtend geschlagen hatte, war er nicht bereit, weiter zu marschieren. Dies veranlasste Maharbal, den Befehlshaber der Kavallerie, zum Ausspruch: »Die Götter haben nicht alle Fähigkeiten einem einzigen Mann gegeben. Hannibal, du weißt, wie man eine Schlacht gewinnt, aber du weißt nicht, wie man einen Sieg ausnutzt.« Die Strategie ist die Kunst, einen Krieg zu gewinnen und Frieden zu bringen, die Taktik die Kunst, in einer Schlacht zu siegen.

Die Überlegenheit des römischen Weltreiches  Aus der römischen Antike sind die Werke Catos und Cäsars über das Kriegswesen bekannt. Die strategischen Erkenntnisse aus diesen Werken sind jedoch von untergeordneter Bedeutung im Vergleich zu ihrem literarischen Wert. Caesars Feldherrngröße wurzelte vor allem in seiner Kenntnis der

Menschen. Er vereinigte die vier Eigenschaften eines großen Feldherrn, die Cicero als die Hauptfaktoren des Erfolges bezeichnete: *Scientia rei militaris* (Wissen über die militärischen Dinge), *virtus* (Mut, Klugheit, Gerechtigkeit, Mäßigung), *auctoritas* (Vorbild, Erfahrung, Talent) und *fortuna* (Glück).

Cicero hat immer wieder betont, dass man niemals einen Krieg führen soll, ohne deutlich zum Ausdruck zu bringen, dass man den Frieden will. Die Grundlagen der römischen Strategie zur Kaiserzeit beruhen auf zwei Begriffen, die auch heute noch Gültigkeit besitzen: ausreichende Sicherheit und Vitalität der materiellen Basis.[81]

Die damalige Überlegenheit des römischen Reiches ergab sich einmal aus einer *Gesamtheit von Werten und Traditionen*, die die Organisation der römischen Militärmacht prägten, zum anderen aus seiner Fähigkeit, die militärische Macht im Hinblick auf *politische Ziele* einzusetzen. Die *zentralen Erfolgsfaktoren der Strategie des römischen Reiches* waren: Erfolgsfaktoren
- drei auf allen Verantwortungsebenen tief verwurzelte Werte und Traditionen: Sinn für Realität, der Stolz des römischen Sinn für Realität Soldaten über seinen Beitrag zur hervorragenden Stellung des Kaiserreiches in der damaligen Welt, Kreativität und Disziplin der Kommandanten, und
- die klare Unterordnung der taktischen Prioritäten unter politische Ziele. Abgesehen von seltenen Ausnahmen, war das Verhalten derjenigen Personen, die das Schicksal Roms bestimmten, von einem außerordentlichen Sinn für Realität geprägt. Die Macht wurde nur in den seltensten Fällen für taktische Ziele eingesetzt.

Die militärische Stärke wurde in dieser Zeit immer als wichtiges, zerbrechliches und begrenzt einsetzbares Machtinstrument angesehen, das vorwiegend indirekt, als politisches Druckinstrument, zu gebrauchen war.

## Marc Aurel: Der Philosoph auf dem Kaiserthron

»Sage dir immer: ich kann, wenn noch so einsam,
an allen Orten glücklich sein; denn glücklich ist,
wer sich selbst ein glücklich Los bereitet, dies ist:
gute Vorstellungen, gutes Streben, gute Handlungen.«

Marc Aurel

*Durch Selbstbetrachtung zu Spitzenleistungen*

Marc Aurel (121–180 n.Chr.) war kein Stratege. Marc Aurel war ein mittelmäßiger Staatsmann, der jedoch mit äußerster Gewissenhaftigkeit erfolgreich ein Weltreich durch schwierige Kriege und furchtbare Naturkatastrophen führte. Er verstand es wie kein anderer Kaiser, seine Untergebenen durch sein Vorbild zu Spitzenleistungen anzuspornen.

Marc Aurel symbolisierte das goldene Zeitalter des römischen Kaiserreichs. Er fand, wie wir gesehen haben, in der stoischen Lebensphilosophie das, was er als Kaiser und sittlicher Mensch für seine Führungstätigkeit brauchte. In seinen berühmten Selbstbetrachtungen[82] fasst er die stoischen Führungsprinzipien für seine Lebensweise zusammen. Sie sind in griechischer Sprache geschrieben, wohl um die Verbindung zweier Kulturen zu beweisen. Seine überlegene Haltung gegenüber den Außendingen, seine Hingabe für die Erhaltung des Weltreichs, sein Pflichtbewusstsein und seine Kohärenz mit sich selbst weisen ihn als große Führungspersönlichkeit aus. Die von ihm vorgelebten stoischen Führungsprinzipien können auch den Unternehmern und Führungskräften unserer Zeit Sinn, Orientierung und Hilfe bei der Bewältigung ihrer schwierigen Aufgaben bieten.

## Vegetius: Der Literat

»Was du lässt oder tust, vergiß nie, dass du ein Beispiel gibst.«

Vegetius

*Maximen der Strategie*

Als Kriegsschriftsteller des sinkenden römischen Kaiserreichs bekannt ist Vegetius (lebte im 4. Jahrhundert n.Chr.). Sein Werk »Epitoma rei militaris« entstand durch die Auswertung älterer Quellen. Vegetius selbst war kein fachkundiger Kriegsmann. Ihn hat der Grundsatz, dass man dem fliehenden Feind goldene Brü-

cken bauen müsse, bekannt gemacht. Der Grundsatz selbst ist allerdings sehr alt und findet sich bereits bei Xenophon. Einige Grundsätze von Vegetius sind noch heute von Interesse:
- Was dir vorteilhaft ist, schadet dem Feind, und alles, was dir nützt, ist dem Gegner schädlich. (Vegetius führte diesen alten Gedanken weiter aus und stellte wohl zum ersten Mal wissenschaftlich das Prinzip auf, dass man sich niemals vom Gegner das Gesetz aufdrängen lassen dürfe.)
- Kein Mann darf ins Feld gestellt werden, der nicht gehörig geübt und erprobt ist.
- Es ist besser, den Gegner durch Mangel, Überfälle und Sorge vor schwierigen Lagen zu besiegen, als durch die Feldschlacht – denn diese wird oft vom blinden Glück entschieden. (Auch das ist ein sehr alter Gedanke: Die Spartaner opferten für einen durch Klugheit errungenen Sieg ein Rind, für einen blutig erfochtenen nur einen Hahn.)
- Die Pläne sind am besten, die dem Gegner bis zum Augenblick der Ausführung verborgen bleiben können.
- Die Kunst, vorteilhafte Gelegenheiten zu nützen, ist wertvoller als Tapferkeit.
- Wer die eigenen Kräfte und die des Gegners richtig zu schätzen weiß, wird selten geschlagen werden. (Dieser Grundsatz findet sich bereits bei Sun Tzu.)
- Das Unerwartete erschreckt den Gegner.
- Was zu tun sei, berate mit vielen, was du tun willst, vertraue nur wenigen Getreuen an, oder, noch besser, behalte es für dich.

Die Maximen regen zum Selber- und Weiterdenken an

Diese Grundsätze stellen einen der ältesten und einflussreichsten Versuche dar, Maximen der Strategie knapp und klar in anschaulicher Form zusammenzufassen. Ihnen verdankt Vegetius seine große Popularität im Mittelalter und in der Zeit der Renaissance.

### Niccolò Machiavelli erfindet den Generalstab

»Es ist besser, etwas zu tun und es zu bereuen, als nichts zu tun und es trotzdem zu bereuen.«
Niccolò Machiavelli

Der herausragendste Vertreter der Renaissance auf dem Gebiet der Kriegswissenschaften ist Niccolò Machiavelli

(1469–1527). Er konzipierte darüber hinaus in seiner Staatstheorie einen Staat, der eine Politik der Stärke ermöglichte: Einzig und allein aus dem Grund, um Italien vor dem politischen Niedergang zu bewahren. Auf Machiavelli geht die Einrichtung des Generalstabs zurück. Er verlangte, dass an der Seite des Feldherrn ein Generalstab stehe, bei dessen Auswahl nicht nur die Rücksicht auf Klugheit und Kenntnisse, sondern auch die auf den Charakter maßgebend sein müsse. Diesem Stab fällt neben allgemeiner Beratung des Feldherrn vor allem die Sorge für das Nachrichtenwesen anheim.

**Konzept eines idealen Militärwesens** In Machiavellis Werk sind darüber hinaus eine Fülle von Sentenzen und Maximen verstreut, die sehr geistreich und treffend sind. Dazu gehören unter anderen folgende[83]:
- Überaus wichtig ist es, den Charakter der gegnerischen Feldherren und ihrer Umgebung richtig zu würdigen.
- Eine Hauptschlacht, die du gewinnst, hebt die Folgen aller Fehler auf, die du anderweitig begangen haben magst.
- Schwer ist es, plötzlichen Unfällen abzuhelfen, leicht dagegen, vorausbedachten Unfällen zu begegnen.
- Man muss seine Maßnahmen der Zeit und den Umständen anpassen.
- Aus keiner Gefahr rettet man sich ohne Gefahr.
- Zwei Dinge sind die Ursache, dass wir uns nicht ändern können. Erstens können wir uns dem nicht widersetzen, wozu sich unsere Natur hinneigt. Zweitens ist es unmöglich, einen Mann, dem durch sein Verhalten viel geglückt ist, zu überzeugen, er könne gut daran tun, anders zu verfahren. Daher kommt es, dass das Glück eines Mannes wechselt; denn die Zeiten wechseln, er aber wechselt nicht sein Verhalten.

Machiavellis Werk ist die universellste Leistung, die das 16. Jahrhundert auf dem Gebiet der Kriegswissenschaften hervorgebracht hat.

## Friedrich der Große und Napoleon I.

»Verschafft euch Kenntnisse von dem Genie der Generale,
mit denen ihr es zu tun haben werdet,
um ihre Handlungsweise besser zu verstehen.«
Friedrich der Große

In Anlehnung an Friedrich den Großen (1712–1786) lässt sich sagen, dass großzügige strategische Pläne die besten sind, weil man bei ihrer Ausführung sofort bemerkt, was nicht machbar sein wird: Indem man sich auf das Ausführbare beschränkt, kommt man weiter als bei einem kleinen Plan, der niemals zu etwas Großem führen kann. Solche großen strategischen Pläne sind in der Wirtschaft nicht immer erfolgreich. Gelingen sie, verschaffen sie den Unternehmen eine führende Wettbewerbsposition. »Macht vier Projekte dieser Art«, sagte einmal Friedrich der Große, »und wenn eins davon glückt, so seid ihr für alle Mühe belohnt.«[84] Aus diesem Gedanken folgt, dass es ihm darum ging, strategische Pläne zu entwerfen, die *über* das Mögliche hinausgehen, um unter keinen Umständen unter dem Möglichen zu bleiben.

*Schrumpfende Pläne*

Für Napoleon I. (1769–1821) gilt das Gegenteil. Seine strategischen Pläne schrumpften in der Ausführung nicht zusammen, sondern wuchsen eher. Er sagte von sich selbst: »Es gibt keinen kleinmütigeren Menschen als mich, wenn ich einen Feldzugsplan entwerfe; ich stelle mir alle Gefahren übertrieben vor und sehe alle Umstände so schwarz wie möglich; ich bin in einer peinlichen Aufregung […] Ist aber mein Entschluss gefasst, dann vergesse ich alles und denke nur an das, was ihn [den Plan, A.d.Verf.] gelingen lassen kann.«[85] Napoleon vertrat die Ansicht, dass der General, der wissentlich einen schlechten Plan ausführt, sich schuldig macht.

*Wachsende Pläne*

Napoleon hat einmal gesagt, er habe niemals einen Feldzugsplan gehabt. Nichtsdestoweniger hatte er beim Aufmarsch seiner Truppen natürlich eine bestimmte Idee und erwog mit Sorgsamkeit die Möglichkeiten, die sich daraus ergaben, ohne sich aber für diese oder jene im Voraus zu entscheiden.

Die Grundprinzipien der napoleonischen Strategie sind einfach:
- Konzentration der Kräfte auf den schwächsten Punkt des Gegners,

*Grundprinzipien napoleonischer Strategie*

- Bestimmung des für seine Streitkräfte günstigsten Schlachtfeldes,
- sorgfältige Vorbereitung,
- Überraschungsangriffe,
- großer Wagemut und
- härteste Entschlossenheit in der Schlacht.

*Denken in »Quantensprüngen« oder »Krisenmanagement«?* Er ist ein Vertreter der *direkten Strategie*, seine Methoden waren einfach, direkt und brutal. Sein Ziel, das er immer mit überlegenen Kräften zu erreichen suchte, war die Vernichtung des Gegners in der Schlacht.

Die praktischen Unterschiede zwischen den Konzeptionen Friedrichs des Großen und Napoleons, nämlich a) dem Denken in »Quantensprüngen«, um unter keinen Umständen unter dem Möglichen zu bleiben (Friedrich der Große), und b) dem Krisenmanagement (Napoleon), sind fundamental. Der zweiten Konzeption kann man sich als unternehmerische Führungskraft nur verschreiben, wenn man sicher ist, oder sicher zu sein glaubt, dass, wenn einem der Atem ausgeht und an der Erreichung der angestrebten Wettbewerbsposition noch etwas fehlt, man fähig sein wird, das Fehlende durch unternehmenspolitische Maßnahmen – z.B. Kooperationen, Allianzen, Akquisitionen oder durch den Verkauf bestimmter Unternehmensteile – zu ergänzen. Allerdings erklärte Napoleon es zu seinem Grundsatz, sich auf keine Schlacht einzulassen, wenn die Gewinnaussichten nicht zu 70 Prozent für ihn sprächen. Napoleon folgte damit einem Grundsatz Epiktets: Unbesiegbar kannst du sein, wenn du zu keinem Wettkampf gehst, in dem zu siegen nicht in deiner Macht steht. Napoleon scheiterte letztlich, weil seine Taktik die alte geblieben war, während seine Gegner gelernt hatten, seine Schläge zu parieren.

*Selbstvertrauen* Jeder Stratege braucht *Selbstvertrauen:* Dieses feste Selbstvertrauen wird im Falle des Erfolges Wagemut oder Kühnheit genannt, im Falle eines Misserfolges aber Vermessenheit. Übergroßes Selbstvertrauen, d.h. Vermessenheit, führte schließlich auch den Sturz Napoleons herbei.

## Gerhard von Scharnhorst: Ausbilder einer Generation

»In den Augenblicken, da die großen Absichten verloren gehen und ein kleiner Geist der Künstelei wirksam wird, geschieht nichts Großes mehr.«
Gerhard von Scharnhorst

Im Jahre 1801 richtete Gerhard von Scharnhorst (1755–1813) ein Gesuch an den König von Preußen, in dem er um Einstellung in die preußische Armee bat. Dieses Jahr kann als der Beginn einer neuen Ära des strategischen Denkens angesehen werden. Als Leiter der „Allgemeinen Kriegschule" (1804), die 1859 in „Kriegsakademie" umbenannt wurde, wurde Scharnhorst zum Erzieher einer neuen Offiziersgeneration. Im Rahmen der Preußischen Reform konzipierte Scharnhorst ein Militär-Bildungswesen, das Bildung über das militärische Wissen hinaus vermitteln sollte. Die Scharnhorstsche Schule war Führungsschule und Lebensschule zugleich. Der Lehrplan enthielt z.B. die Selbstbetrachtungen Marc Aurels und die Kantsche Philosophie. Etwas von dem kategorischen Imperativ Kants (»Handle so, dass die Maxime deines Willens jederzeit zugleich als Prinzip einer allgemeinen Gesetzgebung gelten könne«) wirkte in Scharnhorsts Zeitgenossen Clausewitz, Gneisenau und Moltke fort.

Die Bedeutung Scharnhorsts auf dem Gebiet der Strategie ist vor allem in der Ausbildung einer Generation selbstständig denkender und handelnder Männer zu sehen. Er erkannte, dass die Struktur einer effizienten Organisation von der Qualität ihrer Mitglieder und vom Besitz einer gemeinsamen Vision abhängt. Praktisch entscheidend war für Scharnhorst die Fähigkeit, das theoretisch Erkannte umzusetzen. Scharnhorst kann in diesem Zusammenhang als Vorläufer der Methode der Fallstudien angesehen werden. Die Kenntnis allgemeiner Regeln genügt nach seiner Ansicht nicht, es komme auf ihre Anwendung in der besonderen Situation an. Die meisten der strategischen Grundsätze haben immer nur Wert unter ganz bestimmten Bedingungen und bei Berücksichtigung der besonderen Umstände. Man muss letztere kennen, um zu sehen, welche Regeln überhaupt angewendet werden können. Scharnhorsts System der Führungskräfteentwicklung ist »Anleitung zum Selbstdenken«. Seine Hauptgrundsätze lauten[86]:

*Anleitung zum Selbstdenken*

**Methoden des Unterrichts**

- Oberstes Bildungsziel ist die Anleitung zum Selbst- und Weiterdenken und die systematische Entwicklung des eigenen Urteils.
- Jede einseitige Ausbildung ist zu vermeiden.
- Die Ausbildung ist von allem Ballast, der von den großen sachlichen Aufgaben ablenkt, zu befreien. Es gilt »die Erfahrung mit der Theorie zu verbinden«.
- Der Erfolg liegt »in der Geschicklichkeit der Einleitung eines vorteilhaften Mechanismus und in der Kunst der Herbeiführung des Unerwarteten«.

Auch für die Methode des Unterrichts hat Scharnhorst wichtige Grundsätze aufgestellt[87]:

- Man muss mehr auf die Gründlichkeit als auf die Menge des Erlernten sehen. »Es ist bei jeder Lehranstalt eine Hauptsache, nicht zu viel zu lehren, aber dahin zu sehen, dass die Schüler dasjenige, was sie lernen, auch mit Fertigkeit anzuwenden verstehen.«
- Dem Schüler sollen keine fertigen Ergebnisse vorgetragen werden, sondern er soll »durch seine eigene Betrachtung das herausbringen, wozu er sonst sein Gedächtnis beschweren müsste.«
- »Es muss nur das gelehrt werden, was jeder Schüler von gewöhnlichen Fähigkeiten zu begreifen im Stande ist.«
- Der Vortrag des Lehrers soll vom Beispiel ausgehen. Der Lehrer »soll nichts oder doch nur sehr wenig in Regeln vortragen«, die Regeln müssen sich gewissermaßen von selbst ergeben. Trägt man Regeln vor, verleite man die Schüler zu glauben, dass sie alles wissen: »Anstatt dem jungen Offizier Regeln über die Belagerungskunst beizubringen, ist es zweckdienlicher, ihm eine Belagerung selbst vor Augen zu führen.«

**Rezepte unbrauchbar**

Mit dieser Unterrichtsmethode wollte Scharnhorst verhindern, dass der Schüler an die »Unfehlbarkeit der Regeln« glaubt. Ihm sollen keine Rezepte vermittelt werden, deren Wirkung er blindlings vertraut. Er muss vielmehr um die Zusammensetzung des Rezepts wissen und in der konkreten Situation das für ihn Passende herausfinden können.

## Christian von Massenbach: Der preußische Generalstab

»Von Moltke's beliefs brought us to a series of questions that were much more useful for me over the years than all the data crunching in strategic plans.«
Jack Welch

Während Scharnhorst im Offiziersberuf vor allem eine erzieherische Aufgabe sah und daher größten Wert auf die geistige Ausbildung des Führungsnachwuchses legte, wurde von Massenbach (1758–1827) in organisatorischer Hinsicht zum Vater der Idee eines einheitlichen Generalstabs. Von Massenbach verlangte die Einrichtung einer besonderen Abteilung, die auch in Friedenszeiten als permanente Planungsgruppe handeln sollte. Ihre Aufgabe bestand darin, selbstständige Operationspläne im Frieden für jede nur mögliche Kriegslage auszuarbeiten und dabei auch Alternativen zu berücksichtigen.

<small>Aufgabe des Stabes</small>

Strategische Planung ist keine Innovation unserer Zeit. Aber nur wenige Unternehmen verstehen sich darauf, richtigen Gebrauch davon bei der Umsetzung zu machen – genauso wie zur Zeit Scharnhorsts und von Massenbachs. Auf von Massenbach geht darüber hinaus die Idee der *Job Rotation* zurück: Zur Verbesserung der Fach- und Führungskompetenz verlangte von Massenbach, dass der Führungsnachwuchs alternierend im Generalstab und bei den Truppen eingesetzt werden müsse.

## Wilhelm von Gneisenau: Schüler und Nachfolger Scharnhorsts

Scharnhorst starb im Jahre 1813. Sein Nachfolger als Chef des Generalstabs wurde Wilhelm von Gneisenau (1760–1831), ein Mann von großer strategischer Begabung. Gneisenau führte vier wichtige Begriffe ein[88]:
1. Er entwickelte den Begriff der Mitverantwortung der einzelnen Stabchefs bei den Entscheidungen der Truppenführer. Auf diese Weise sollte die geistige Einheit des Generalstabs gesichert werden. Bei Meinungsverschiedenheiten zwischen Truppenführer und Stabschef blieb dem letzteren ein Sonder-

<small>Mitverantwortung des Stabes</small>

dienstweg offen, auf dem er Beschwerden und Bedenken unmittelbar dem Chef des Generalstabs unterbreiten konnte.
2. Gneisenau verbesserte die Befehlstechnik: Auf ihn gehen die klare mustergültige Befehlsfassung, die keinen Spielraum für Doppeldeutigkeiten offen lässt und die schnelle Befehlserteilung, die er vom englischen Admiral Horatio Nelson übernahm, zurück.

**Führung durch Direktiven**
3. Gneisenau übertrug die direktive Befehlsgebung Friedrich des Großen auf die Führung durch Direktiven, die dem einzelnen Unterführer Raum für eigene Initiative und selbstständiges Handeln zubilligen. Führung durch Direktiven (d.i. Vereinbarung von Zielen und Rahmenbedingungen) verbindet rasche Anpassungsfähigkeit an sich verändernde Situationen mit der Ausrichtung auf ein großes Gesamtziel.[89]

**Definition von Aufgaben**
4. Auf organisatorischem Gebiet finden sich bei Gneisenau die ersten Ansätze für eine klare Definition von Aufgaben, Befugnissen und Verantwortlichkeiten, die als Voraussetzung für die weitgehende Dezentralisierung angesehen wird.

Die Erfolge der preußischen Armee fünfzig Jahre später beruhen auf der Umsetzung dieser Begriffe. Gneisenau war kein einseitiger militärischer Fachmann, sondern betonte stets den Primat der Politik über die Strategie.

### Karl von Clausewitz: Vorbild unter Vorbehalt

»Die Politik ist eine Art Handel in größerem Maßstab.«
Karl von Clausewitz

Strategie war für Clausewitz (1780–1831) »die Lehre vom Gebrauch der Gefechte zum Zweck des Krieges«. Diese Definition ist in engem Zusammenhang mit der Politik zu sehen. Clausewitz, Vertreter des Primats der Politik über die Strategie, hat sehr viel zur Erhellung der moralischen Sphäre beigetragen, jedoch nur auf das Ende eines Krieges und nicht darüber hinaus auf die Zeit des Friedens geschaut. Sein Hauptwerk »Vom Kriege« ist vom Geist des 19. Jahrhunderts westlichtechnischer Rationalität, unbekümmerter Geltungsmentalität und nationalstaatlichen Chauvinismus bestimmt. Das Axiom des Krieges als Fortsetzung der Politik mit anderen Mitteln führt unmittelbar zur bewaffneten Intervention, wenn sich auf politischem Wege eine Lösung nicht erreichen lässt – es sei denn, die Risiken erscheinen unannehmbar. Clausewitz ist der Vertreter der »direkten Strategie« und damit der »Vernichtungsstrategie«.

In diesem Zusammenhang ist darauf hinzuweisen, dass heute die Ansicht vertreten wird, dass die Strategie sich nicht allein auf die Frage zu beschränken hat, wie der Sieg militärisch zu erringen sei. Sie muss weiter vorausschauend, ihren Blick darauf richten, wie der beste Frieden zu gewinnen sei. Wenn man von diesem Einwand absieht, besitzt das Werk »Vom Kriege« auch in unserer Zeit Gültigkeit. Man muss allerdings sehr kritisch an das Buch herangehen und darf keine Rezepte für die Meisterung der Probleme der Gegenwart erwarten. Enttäuscht wird auch der, der glaubt, in Clausewitz' Werk billige Analogieschlüsse zu finden. Am wertvollsten und von zeitloser Gültigkeit dürfte die von ihm übermittelte Methode sein, die Dinge zu betrachten[90].

Die folgenden Grundsätze dürften daher auch für Unternehmer und Führungskräfte von Interesse in: | Strategische Grundsätze:
- Das Ziel: Jede Handlung muss ein klar definiertes und erreichbares Ziel verfolgen: »Je schwächer die Kraft, umso kleiner müssen die Zwecke sein; ferner: je schwächer die Kraft, um so kürzer die Dauer.«[91] | Ziel
- Die Konzentration der Kräfte: »Die beste Strategie ist immer recht stark zu sein [...]. Daher gibt es außer der Anstrengung, welche die Kräfte schafft, und die nicht immer vom Feldherrn ausgeht, kein höheres und einfacheres Gesetz für die Strategie als das: seine Kräfte zusammenhalten.«[92] | Konzentration der Kräfte
- Die Berechnung von Raum und Zeit: »Die Strategie bestimmt den Punkt, auf welchem, die Zeit, in welcher, und die Streitkräfte, mit welchen gefochten werden soll [...]«[93] | Raum und Zeit
- Die Ökonomie der Kräfte: »[...] als einen Handgriff des Geistes sehen wir den Gesichtspunkt an, stets auf die Mitwirkung aller Kräfte zu wachen, oder mit anderen Worten, es immer und immer wieder im Auge zu haben, dass kein Teil derselben müßig sei [...] In diesem Sinne gibt es eine Ver- | Ökonomie der Kräfte

schwendung der Kräfte, die selbst schlimmer ist als ihre unzweckmäßige Verwendung. Wenn einmal gehandelt werden soll, so ist das erste Bedürfnis, dass alle Teile handeln.«[94]

Einfachheit • Der Grundsatz der Einfachheit: »Die sehr große Masse von Kenntnissen und Fertigkeiten, die der kriegerischen Tätigkeit im Allgemeinen dienen und die nötig werden, ehe nur ein ausgerüstetes Heer ins Feld rücken kann, drängen sich in wenig große Resultate zusammen, ehe sie dazu kommen, im Kriege den endlichen Zweck ihrer Tätigkeit zu erreichen: so wie die Gewässer des Landes sich in Ströme vereinigen, ehe sie ins Meer kommen.«[95]

Überraschung • Die Überraschung: »Sie liegt mehr oder weniger allen Unternehmungen zum Grunde, denn ohne sie ist die Überlegenheit auf dem entscheidenden Punkte eigentlich nicht denkbar. Die Überraschung [...] ist außerdem auch als ein selbstständiges Prinzip anzusehen, nämlich durch ihre geistige Wirkung [...] Geheimnis und Schnelligkeit sind die beiden Faktoren dieses Produktes, und beide setzen bei der Regierung und beim Feldherrn eine große Energie, beim Heere aber einen großen Ernst des Dienstes voraus.«[96]

Schwerpunkt • Der Schwerpunkt: Clausewitz bezieht sich auf die in der Physik geltenden Gesetze, wenn er sagt: »So wie sich der Schwerpunkt immer da findet, wo die meiste Masse beisammen ist, und wie jeder Stoß gegen den Schwerpunkt der Last am wirksamsten ist, [...] so ist es auch im Kriege.«[97] Der Schwerpunkt ist »die Zusammenführung der wesentlichen Gesichtspunkte, die eine Gesamtlage charakterisieren, auf einen entscheidenden Punkt«[98] Die Strategie gibt die allgemeine Richtung an und setzt Schwerpunkte – im wirtschaftlichen Bereich etwa im Marketing, in der Forschung oder in der Produktion, die – miteinander koordiniert – zur Voraussetzung für den Erfolg der Strategie werden.

Abnehmende Kraft der Offensive • Die abnehmende Kraft der Offensivstrategie: Auch bei der mit größter Energie vorangetriebenen Offensivstrategie kommt irgendwann der Punkt, hinter dem weitere Erfolge unmöglich werden. Clausewitz nannte diesen Punkt den »Kulminationspunkt«[99]. Dieser Begriff ist später zu einem klassischen Ausdruck geworden: Jede strategische Offensive wird umso schwächer, je weiter sie fortschreitet.

Defensive und Offensive • Die Beziehung zwischen Defensive und Offensive: Clausewitz definiert das Ziel der Verteidigung als Schutz und

Sicherung, während das Ziel der Offensive die Eroberung ist. Das bedeutet, dass die Defensive ein negatives und die Offensive ein positives Ziel hat. Clausewitz hebt immer wieder die Wichtigkeit offensiven Handelns in Verbindung mit der Defensive hervor. Er sagt ausdrücklich: »Die Verteidigung besteht also aus zwei heterogenen Teilen, dem Abwarten und dem Handeln.«[100] Abwarten und Handeln sind somit wesentliche Teile der Defensivstrategie. Die Schlussfolgerung Clausewitz', dass die Defensive die stärkere Form sei, rührt nicht daher, dass er aus ethischen Gründen der Verteidigung den Vorzug gibt. Sie entspringt einer kühlen Berechnung von Tatsachen, nicht zuletzt der Erfahrung der abnehmenden Kraft der Offensive. Moltke wie auch Theoretiker der modernen Unternehmensführung teilen, wie wir sehen werden, diese Schlussfolgerung nicht.

- Das moralische Element: Es ist das Verdienst von Clausewitz, auf die moralischen Kräfte mit allem Nachdruck hingewiesen zu haben: »Es sind die Geister, welche das ganze Element des Krieges durchdringen, und die sich an den Willen, der die ganze Masse der Kräfte in Bewegung setzt und leitet, früher und mit stärkerer Affinität anschließen, gleichsam mit ihm in eines zusammenrinnen, weil er selbst eine moralische Größe ist.«[101] Zu den moralischen Größen rechnet Clausewitz »die Talente des Feldherrn, kriegerische Tugend des Heeres, Volksgeist desselben«.[102] *Moralisches Element*
- Die Friktionen: »Das ganze Kriegsführen gleicht der Wirkung einer zusammengesetzten Maschine mit ungeheurer Friktion, so dass Kombinationen, die man mit Leichtigkeit auf dem Papier entwirft, sich nur mit großen Anstrengungen ausführen lassen.«[103] Für das Auftreten dieser Reibungsverluste sind im Wesentlichen menschliche Faktoren verantwortlich. Clausewitz hat die Idee des Irrationalen eingeführt und mit den bloß rationalistischen Auffassungen in der Strategie gebrochen. »Friktionen« und »moralische Größen« erklären, weshalb strategische Pläne, obwohl sie gut konzipiert sind, oft nicht ihr Ziel erreichen und weshalb so große Anstrengungen notwendig sind, um zu erreichen, dass man nicht auf eine Ebene zurückfällt, die unterhalb des Mittelmäßigen liegt.[104] *Friktionen*
- Der Primat der Politik über die Strategie: Die politische Aufgabe ist der Zweck, die Strategie das Mittel. Daraus *Primat der Politik*

folgt, dass Mittel und Zweck, Strategie und Politik niemals getrennt voneinander betrachtet werden dürfen. So wird der politische Zweck als das ursprüngliche Motiv der Strategie das Maß sein, an dem das Ziel und die zu seiner Erreichung erforderlichen Anstrengungen gemessen werden. Sinkt die Bedeutung des politischen Zwecks, verlieren die strategischen Anstrengungen an Kraft. Steigt dagegen die Bedeutung des politischen Zwecks, werden die strategischen Anstrengungen verstärkt.

*Clausewitz schätzte die Strategie niedrig ein*  Im Grunde schätzte Clausewitz die Strategie niedrig ein. Sie ist für ihn eine Ansammlung primitiver Regeln, »wenig Materie, viel Form des Denkens«. Gute, erfolgreiche Strategien sind ihm nichts als die »glückliche Vorbereitung des taktischen Sieges« und »die Benutzung des erfochtenen Sieges«. »In der Strategie gibt es keinen Sieg.«[105] In diesem Sinne war Clausewitz tatsächlich der Vertreter der »Vernichtungsschlacht«, der nach Auffassung von Liddell Hart die Verwüstungen zweier Weltkriege mitverschuldet hat.[106]

*Das Wesen großer Feldherren*  Das Wesen großer Feldherren schildert Clausewitz dagegen in höchst eindrucksvoller Weise.[107] Nicht die Beherrschung der Technik und strategisches Wissen machen demnach die wahre Meisterschaft aus, sondern eine Vereinigung von Geist und Charakter. Die große Führungspersönlichkeit ist für Clausewitz durch ein harmonisches Verhältnis von Verstand und Willen ausgezeichnet. Geistige Überlegenheit resultiert demnach aus[108]:

- praktischer Weisheit als Mittelwert aus Sein (oder Verhalten) und Wissen;
- gesundem Menschenverstand, als Fähigkeit, die Dinge in der richtigen Perspektive zu sehen und Unerwartetes mit instinktiver Sicherheit zu erfassen und zu meistern;
- Mut zu verantwortlichem Handeln;
- Entschlossenheit als Überlegenheit des Geistes;
- Geistesgegenwart nicht als bloße Routine, sondern als Ergebnis eines tiefen inneren Gleichgewichts;
- Energie, nicht einfach als bloße Willenskraft, sondern als Fähigkeit eines überlegenen Geistes zum Durchhalten;
- Charakterstärke, die an ihren Überzeugungen festhält, weil sie aus einer klaren und tiefen Einsicht entsprungen sind;

- vollkommener Selbstbeherrschung, was nur durch eine lebenslange Arbeit an sich selbst möglich ist;
- der Fähigkeit, aus Fehlern zu lernen und Fehler zu korrigieren sowie der Bereitschaft, auch Niederlagen anzunehmen;
- Disziplin, nicht in der Form sklavischen Gehorsams, sondern als freiwillige Unterordnung unter gemeinsame Interessen.

## Helmuth von Moltke:
## Der Höhepunkt des strategischen Denkens

> »Wie kann man ein Buch über Strategie schreiben?
> Darüber lässt sich überhaupt nichts schreiben.
> Strategie ist nichts weiter als die Anwendung des gesunden
> Menschenverstandes, der lässt sich nicht lehren.«
> Helmuth von Moltke

Dem Idealbild einer Führungspersönlichkeit, das von Clausewitz entworfen wurde, entspricht wohl am besten Moltke der Ältere. Helmuth von Moltke (1800–1891) war kein ausschließlich militärischer Fachmann, er lebte noch in festem Zusammenhang mit den großen Ideen seiner Zeit und verfügte über ein universales Weltbild im Verständnis seiner Epoche.

Moltke war kein Militär im kriegerischen Sinn. Sein Lebensgrundsatz war, die Dinge erst zu wägen, bevor er sie wagte. Seine auf der Gewissheit des Könnens basierende Ruhe war das Ergebnis seiner gelebten stoischen Weltanschauung. Selbst in den schwersten Auseinandersetzungen versuchte er, über den Dingen zu stehen, einen Standpunkt über den Parteien zu gewinnen und alles subjektive Empfinden auszuschalten. Er galt als der »große Schweiger«.

*Moltke kein Militär im kriegerischen Sinn*

In seinem berühmten Aufsatz »Über Strategie« schreibt Moltke: »Die Strategie ist ein System der Aushilfen. Sie ist mehr als Wissenschaft, ist die Übertragung des Wissens auf das praktische Leben, die Fortbildung des ursprünglich leitenden Gedankens entsprechend den stets sich ändernden Verhältnissen, ist die Kunst des Handelns unter dem Druck der schwierigsten Bedingungen.«[109] (Abb. 11).

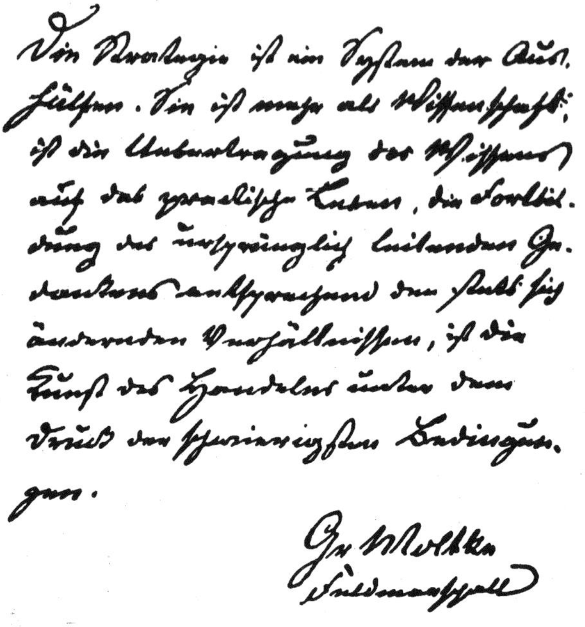

Abb. 11: Die Strategie ist »die Fortbildung des ursprünglich leitenden Gedankens entsprechend den stets sich ändernden Verhältnissen« (in Moltkes Handschrift)

**Strategie als »System« von Aushilfen**

Moltkes Lehre von der Strategie ist deshalb zeitlos, weil sie kein Lehrgebäude darstellt. »Die Strategie ist kein System«, so betont er, »dem allgemeine Lehrsätze, aus ihnen abgeleitete Regeln«[110] entnommen werden können. Moltke benutzt wohl den Begriff System, hebt jedoch seinen eigentlichen Sinn geradezu auf – denn Aushilfen heißt doch nichts anderes als Systemlosigkeit. Wegen der Vielzahl der zu berücksichtigenden Faktoren hielt Moltke nur den Beginn eines Feldzuges für planbar. Er sah deshalb die Aufgabe des Feldherrn vor allem in der umfassenden Vorbereitung der militärischen Auseinandersetzung.

**Strategie kein Aktionsplan**

Jeder strategische Plan muss mit dem Außerplanmäßigen rechnen. Das Denken in »Wenn/Dann-Konstellationen« kennzeichnet das Wesen der Strategie. Die Anpassung an Unvorhergesehenes und Unvorhersehbares erfordert jedoch ein aktives Vorgehen. Um mit Sicherheit ein Ziel zu erreichen, muss man immer eine Alternative im Auge haben. Wenn die Konkurrenz mit Sicherheit das eigene Ziel kennt, ist sie in der bestmöglichen Position, uns durch entsprechende Aktionen zuvorzukommen. Wie ein Baum sollte deshalb jeder strategische Plan Zweige haben, wenn er Früchte tragen soll[111].

In diesem Charakter der Strategie als ein »System von Aushilfen« liegt die Grenze ihrer Lehrbarkeit überhaupt. Denn wie kann etwas gelehrt werden, das sich in kein System fassen lässt, das Spielraum für die Anpassung an Unvorhergesehenes freigibt? »Der Krieg – wie jede Kunst – «, schreibt Moltke, »erlernt sich nicht auf rationalistischem, sondern nur auf empirischem Wege. Im Kriege wie in der Kunst gibt es keine allgemeine Norm, in beiden kann das Talent nicht durch eine Regel ersetzt werden. Für die Strategie können daher allgemeine Lehrsätze, aus ihnen abgeleitete Regeln und auf diese aufgebaute Systeme unmöglich einen praktischen Wert haben.«[112] Die »Lehre« Moltkes sieht nicht in der Reglementierung und Schematisierung der Strategie ihr Ziel, sondern darin, selbstständige Entscheidungen anzuregen und eine klare, individuelle Willensbildung zu fördern, bei vielen Entscheidungsträgern an verschiedenen Orten auf der vereinbarten Generallinie. Es geht um die Entwicklung einer einheitlichen Auffassung, die nicht auf den strengen Regeln einer Lehrmeinung beruht, sondern darauf, jede Lage ausschließlich nach den spezifischen Gegebenheiten zu beurteilen.[113]

*In der Strategie gibt es kein Schema*

Als Meister der praktischen Vernunft legte Moltke besonderen Wert auf gründlichste und genaueste Vorbereitung des Aufmarschplanes. Er betonte mit Nachdruck, dass »ein Fehler in der ursprünglichen Versammlung der Heere im ganzen Verlauf des Feldzuges kaum wieder gut zu machen ist«[114]. Moltke warnte aber stets davor, man könne der Ansicht sein, diese Planung reiche über die Entscheidungen hinaus, die zum ersten Zusammenstoß mit dem Gegner führen: »[...] Hier begegnet unserem Willen sehr bald der unabhängige Wille des Gegners. Diesen können wir zwar beschränken, wenn wir zur Initiative fertig und entschlossen sind, vermögen ihn aber nicht anders zu brechen, als durch die Mittel der Taktik, das Gefecht. Die materiellen und moralischen Folgen jedes größeren Gefechts sind aber so weitreichender Art, dass durch dieselben meist

*Genaueste Vorbereitung*

eine völlig veränderte Situation geschaffen wird, eine neue Basis für neue Maßregeln. Kein Operationsplan reicht mit einiger Sicherheit über das erste Zusammentreffen mit der feindlichen Hauptmacht hinaus. [....] Gewiss wird der Feldherr seine großen Ziele stetig im Auge behalten, unbeirrt darin durch die Wechselfälle der Begebenheiten, aber die Wege, auf welchen er sie zu erreichen hofft, lassen sich auf weit hinaus nie mit Sicherheit feststellen. [...] Es kommt darauf an, in lauter Spezialfällen, die in den Nebel der Ungewissheit gehüllte Sachlage zu durchschauen, das Gegebene richtig zu würdigen, das Unbekannte zu erraten, einen Entschluss schnell zu fassen, und dann kräftig und unbeirrt durchzuführen«.[115]

**Jede Strategie ist evolutionär**

Sobald unserem Willen der unabhängige Wille unserer Konkurrenten begegnet, nicht selten auch schon vorher, sind in vielen Bereichen Änderungen in den getroffenen Entscheidungen – also Aushilfen – notwendig. Als Folge dieser »Wenn/Dann-Überlegungen« reiht sich eine neue Entscheidung an die andere. Schließlich bleibt nur der »leitende Gedanke« des Unternehmers, der sich klar sein muss, was er will. Die Strategie ist kein auf sich reduzierbares, sondern ein evolutionäres Phänomen.

Was das Verhältnis von Offensive und Defensive betrifft, distanziert sich Moltke von Clausewitz, wenn er schreibt: »Die taktische Defensive ist die stärkere Form, die strategische Offensive die wirksamere, die allein zum Ziel führt [...] Kurz gefasst darf man sagen, dass die strategische Offensive der gerade Weg zum Ziel, die strategische Defensive der Umweg ist.«[116] Mit dieser Aussage nimmt Moltke eine bekannte Formulierung Liddell Harts vorweg, der in seinem Hauptwerk »Strategie« schreibt, dass »in der Strategie der größte Umweg oft am schnellsten zum Ziel führt«[117].

**Initiative der Mitarbeiter**

Wenn Moltke einen besonderen zeitgemäßen Führungsgrundsatz gerne für sich in Anspruch nahm, so ist es der, dass in den von ihm verfassten Plänen den Unterführern eine weitgehende Selbstständigkeit eingeräumt wird, im Rahmen der Strategie aus eigener Initiative zu handeln. Initiatives Handeln war ihm so wichtig, dass er sogar bereit war, deswegen Abweichungen von seinen Aktionsplänen in Kauf zu nehmen (wenn seine Unterführer wie in den Feldzügen von 1866 und 1870/71 eigenmächtig handeln).[118] Er drängte darauf, dass die Unterführer unvorhergesehene taktische Möglichkeiten, die von den Aktionsplänen abwichen, ohne besonderen Befehl ausnutzten: »Vor dem taktischen Sieg schweigt die Forderung der Strategie, sie fügt sich der neu geschaffenen Sachlage an.«[119]

In den »Verordnungen für die höheren Truppenführer« schreibt er: »Der Vorteil übrigens, welchen der Führer durch ein fortgesetztes persönliches Eingreifen zu erreichen glaubt, ist meist nur ein scheinbarer. Er übernimmt damit Funktionen, zu deren Erfüllung andere Personen bestimmt sind, verzichtet mehr oder weniger auf deren Leistungen und vermehrt die Aufgaben seiner eigenen Tätigkeit in einem solchen Maße, dass er sie nicht mehr sämtlich zu erfüllen vermag.«[120]

*Persönliches Eingreifen nicht immer sinnvoll*

Moltke entspricht damit der modernen Forderung, alle geistigen Kräfte dadurch zur vollen Entfaltung zu bringen, dass man
1. die Führungskräfte auf allen Verantwortungsebenen über die Strategie in Kenntnis setzt, zu deren Formulierung sie einen Beitrag geleistet haben, und
2. ihnen bei der Lösung der ihnen zufallenden Aufgaben innerhalb der gebotenen Grenzen möglichst große Selbstständigkeit einräumt.

»Überhaupt«, sagt Moltke, »würde man im Allgemeinen wohl tun, nicht mehr zu befehlen, als durchaus nötig sei und nicht über Verhältnisse hinaus zu verfügen, die man übersehen kann; denn diese ändern sich im Kriege schnell, und selten werden in der Zeit weit vorgreifende und ins einzelne gehende Anordnungen vollständig zur Ausführung gelangen können. [...] Da der Ausgang eines Gefechtes z.B. nie mit Bestimmtheit vorauszusehen ist, wird man über ein Gefecht hinaus also auch selten disponieren können.«[121] Und an einer anderen Stelle schreibt er: »Wo die Unterführer auf Befehle warten, wird die Gunst der Umstände niemals ausgenutzt werden. Nur die Befähigung und Gewöhnung der Führer aller Grade zu selbstständigem Handeln geben die Möglichkeit, große Massen mit Leichtigkeit unter Verhältnissen zu bewegen, die bei dem Fehlen dieser Eigenschaften Zeitverlust und Friktionen aller Art herbeiführen müssen.«[122]

*Selbstvertrauen der Mitarbeiter stärken*

*Die Methode der Direktiven*

**Gehorsam ist Prinzip, aber der Mann steht über dem Prinzip**

Moltke, der Humanist, besaß, wie bereits erläutert, ein starkes Vertrauen in die Fähigkeiten seiner Unterführer. »Gehorsam ist Prinzip, aber der Mann steht über dem Prinzip«[123], auf diese Formel bringt Moltke seine Forderung nach geistiger Unabhängigkeit und operativer Handlungsfreiheit der Unterführer. Man sollte die Unterführer, so Moltke, niemals daran gewöhnen, weitere Befehle abzuwarten: »Eine solche Anordnung lähmt das selbstständige Handeln der Unterführer, dann wird leicht der richtige Moment verpasst, und es kann schließlich dahin führen, dass nichts geschieht. Man muss vielmehr einen bestimmten Befehl zum Handeln geben und kann im Bedarfsfalle einen abändernden Befehl nachschicken. Insbesondere den detachierten Führern muss man nur *allgemeine Weisungen* geben, nach denen sie frei handeln können.«[124]

**Führen mit Direktiven = Führen durch Vereinbarung von Zielen und Rahmenbedingungen**

Moltke führte aus diesem Grund einen neuen und außerordentlich wichtigen Begriff in den Führungsvorgang ein: *Direktiven* treten an die Stelle der üblichen Befehle und Anordnungen. Er begründete diese Methode der Führung so: »Je höher die Behörde, desto kürzer und allgemeiner werden die Befehle sein, je größer die Hauptunterabteilungen, je mehr Freiheit muss ihnen gelassen werden. [...] Man wird also theoretisch unter Direktiven solche Mitteilungen der oberen an die untere Stelle verstehen, in denen nicht sowohl bestimmte Befehle für deren augenblickliches Verhalten erteilt, als vielmehr nur leitende Gesichtspunkte aufgestellt werden. Letztere dienen dann als Richtschnur bei den übrigen selbstständig zu fassenden Entschlüssen.« Das bedingt aber, »dass die untergebenen Behörden den Zweck des Befohlenen erkennen, um nach diesem selbst dann zu streben, wenn die Umstände es erfordern sollten, anders zu handeln, als befohlen war«[125].

Aufgrund dieser besonderen Führungsmethode war die preußische Armee in ihrer Struktur und Befehlsführung nicht nur fortschrittlicher als alle Armeen ihrer Zeit. Sie war in dieser Hinsicht auch fortschrittlicher als viele Unternehmen unserer Zeit. Die Methode der Direktiven (d.i. Vereinbarung von Zielen und Rahmenbedingungen) ist zweifelsohne das höchste

Niveau der Führung und zeugt von einem hohen Grad an Initiativ- und Verantwortungsfreudigkeit der Führungskräfte.

Weil Moltke Vertrauen zu sich hatte, hatte er auch Vertrauen zu anderen. Die Methode der Führung durch Direktiven hat das Vorhandensein einer gelassenen, fest in sich selbst ruhenden Persönlichkeit zur Voraussetzung. Je bedeutender die Einzelpersönlichkeit ist, der diese Methode Spielraum verleiht, desto wichtiger ist das Element gegenseitigen Vertrauens.

*Strategie verlangt Selbstvertrauen*

Die *Individualisierung der Führung*, zu der die Methode der Direktiven führt, setzt voraus, dass
1. alle Unterführer in Bezug auf die Kriegsführung sich in die Lage ihrer Vorgesetzten versetzen,
2. den Auftrag kennen und selbstständig und kreativ je nach Situation entscheiden und handeln, um ihn zu erfüllen und
3. der Große Generalstab die Last der Koordination und Integration übernimmt.

Moltke schulte die Unterführer darin, ihre eigenen, besonderen Probleme und Möglichkeiten sowie ihre Lösungsmöglichkeiten im größeren Rahmen des allgemeinen Ganzen zu sehen.[126]

Moltke war bahnbrechend in der Schulung der Unterführer in strategischem (und operativem) Denken. Es kam ihm darauf an, dass die Vorstellung vom unsystematischen und evolutionären Charakter der Strategie zum Allgemeingut aller Unterführer wurde. Nur unter dieser Voraussetzung konnte seiner Ansicht nach eine rechte Lehre überhaupt fruchtbar für den wirklichen Krieg sein. »Es liegt auf der Hand«, schreibt Moltke, »dass dazu theoretisches Wissen nicht ausreicht, sondern dass hier die Eigenschaften des Geistes wie des Charakters zur freien, praktischen, zur künstlerischen Entfaltung gelangen, geschult freilich durch militärische Vorbildung und geleitet durch Erfahrungen, sei es aus der Kriegsgeschichte, sei es aus dem Leben selbst.«[127] Nur unter der Voraussetzung einer systematischen Schulung in strategischem Denken können die Unterführer nach Ansicht Moltkes den Unberechenbarkeiten der Situationen auf einer gemeinsamen Generallinie begegnen.

*Systematische Schulung der Unterführer*

Auch in der Wirtschaft ist die Gemeinsamkeit strategischer Grundvorstellungen vieler Führungskräfte in verschiedenen Bereichen und an verschiedenen Orten entscheidend für den Erfolg des Unternehmens.

**Nur was einfach ist, funktioniert**

Im Gegensatz zu den komplizierten strategischen Manövern früherer Zeiten ist die Strategie Moltkes zu den einfachsten Prinzipien zurückgekehrt. Man sichert sich die Vorteile der Initiative, sucht die gegnerischen Schwächen zu erkennen und auf einem dieser Punkte mit überlegenen Kräften zu erscheinen. Wohl sind die Grundsätze der Strategie einfach und auch dem Laien einleuchtend, aber ihre Anwendung unter den erschwerten Bedingungen des Ernstfalles stellt an Wissen und Können sowie an den Charakter des Feldherrn die höchsten Anforderungen.

Moltke wusste, dass das irrationale Element der Strategie nur durch Willenskraft und innere Stärke überwunden werden kann. Moltke verlangte vom Feldherrn, dass er sich durch wissenschaftliche Fortbildung über die Alltäglichkeiten des gewöhnlichen Dienstbetriebes erhebe, damit er sich für den Ernstfall Sicherheit des Urteils, Beweglichkeit in der Anpassung an geänderte Situationen, Treffsicherheit der Entscheidungen und Tatkraft bei der Durchsetzung aneigne.

**Das uns nachteiligste Verfahren des Gegners ermitteln**

»Der richtige Weg, um Beschluss zu fassen«, schreibt Moltke, »ist, das uns nachteiligste Verfahren des Gegners zu ermitteln.«[128] Es ist allerdings keine Eigentümlichkeit Moltkes, sondern allen großen Strategen gemein, in dubio anzunehmen, dass der Gegner das Vernünftigste tun werde. »Rechne nie darauf«, sagt Walther Rathenau, »dass dein Gegner etwas übersehen könnte. Setze stets voraus, dein Gegner sei der Gescheitere«.

Für die Strategie gibt es keine »Patentlösungen«, und es kommt immer darauf an, sich in der Planung der Strategie möglichst viele Möglichkeiten offen zu halten und doch das eigene Ziel klar und entschlossen zu verfolgen. Für eine erfolgreiche Strategie gibt es kein Rezept. Es wäre falsch, sich von vornherein nur auf einen Fall einzurichten. Die Ereignisse können anders verlaufen, als man zunächst angenommen hat.

Es kommt nur darauf an, sie richtig auszunutzen und den Gegner im Ungewissen über die eigene Absicht zu lassen.

Was Koalitionen anbelangt, so meinte Moltke: »Die Koalition ist vortrefflich, solange alle Interessen jedes Mitgliedes dieselben sind. Bei allen Koalitionen gehen indes die Interessen der Verbündeten nur bis zu einem gewissen Punkt zusammen. Sobald es nämlich darauf ankommt, dass zur Erreichung des großen gemeinsamen Zweckes einer der Teilnehmer ein Opfer bringen soll, ist auf Wirkung der Koalition meist nicht zu rechnen.«[129] Kooperationen, Joint Ventures und strategische Allianzen bedeuten somit das bewusste Inkaufnehmen einer Einschränkung des eigenen Handlungsspielraumes, um dadurch strategische Vorteile in anderen Bereichen gewinnen zu können.

*Problematik der Koalitionen*

Der Unternehmer braucht einen Stab nicht als ausführendes Organ, sondern als »Mitarbeiter«. Bei Moltke finden sich denn auch in dieser Hinsicht bemerkenswerte Worte: »Es gibt Feldherrn, die keines Rates bedürfen, die in sich selbst erwägen und beschließen; ihre Umgebung hat nur auszuführen. Aber das sind Sterne erster Größe, die kaum jedes Jahrhundert aufzuweisen hat […] In den allermeisten Fällen wird der Führer eines Heeres des Beirats nicht entbehren wollen […] Ihn wähle der Feldherr nicht nach der Rangliste, sondern nach seinem vollen persönlichen Vertrauen […] Es gibt in jedem Hauptquartier eine Anzahl von Leuten, die mit großem Scharfsinn alle Schwierigkeiten bei jeder vorgeschlagenen Unternehmung hervorzuheben wissen. Bei der ersten eintretenden Verwicklung weisen sie überzeugend nach, dass sie alles vorhergesagt haben. Sie sind immer im Recht, denn da sie selbst nicht leicht etwas Positives vorschlagen, viel weniger noch ausführen, so kann der Erfolg sie nie widerlegen. Diese Männer der Negative sind das Verderben der Heerführer.«[130] Auch Prinz Eugen von Savoyen pflegte zu sagen, dass, sooft ein General keine Lust hätte, etwas zu unternehmen, kein Mittel besser sei, als einen Kriegsrat abzuhalten. Er meint, dass die Mehrheit der Stimmen im Kriegsrat auf die Männer der Negative fallen.

*Rolle der Berater*

Moltkes Erziehungsarbeit beruhte auf der Verbindung von Leitung und Gewährenlassen. Von dieser wirksamen Verbindung gewinnt die Unternehmensleitung die Überzeugung,

*Verbindung von Leitung und Gewährenlassen*

Aufgaben stellen zu können, deren Erfüllung auf jeden Fall in die gewünschte Richtung geht, mag sie auch unter Umständen nicht ganz das treffen, was sie sich gedacht hat. Persönlich fühlt sie sich immer imstande, nötigenfalls durch unmittelbares Eingreifen für den erforderlichen Ausgleich zu sorgen, begangene Fehler wieder gut zu machen und Abhilfe zu schaffen, je nachdem, ob die unternehmensinterne und -externe Situation Geplantes unausführbar macht oder neue Möglichkeiten eröffnet. Im Grunde läuft alles auf eine Individualisierung der Führung hinaus.[131]

**Bereit sein, ist alles** Das Wesentliche an Moltkes Strategie liegt in der gründlichen Vorbereitung und überlegenen Gelassenheit, mit der er die Dinge an sich herankommen ließ, um jeder Situation je nach den Gegebenheiten und frei von allen vorgefassten Meinungen zu begegnen, aber auch in der einfallsreichen Art, mit der er die genau richtigen Maßnahmen traf. »Nicht, dass er frei von Fehlern und Versäumnissen gewesen wäre oder dass ihn hinter der Maske von Gleichmut und Ruhe nicht auch tiefe Besorgnis ergriffen hätte – wie zum Beispiel vor Königgrätz. Doch er überwand in eiserner Selbstbeherrschung seine eigenen Irrtümer in der Lageberechnung und berichtigte in unerschütterlicher Ruhe seine Pläne, wenn sie durch das mangelnde Verständnis seiner Unterführer durchkreuzt wurden.«[132]

Glück oder Unglück sind niemals Zufall, sondern die logische und gesetzesmäßig eintretende Folge richtigen oder falschen Verhaltens. Richtiges Verhalten ist das Ergebnis konstruktiven, positiven und eigenverantwortlichen Denkens, Fühlens und Tuns, falsches das Ergebnis destruktiven, negativen und unselbstständigen Denkens, Fühlens und Tuns. Das Sein eines Menschen zieht bekanntlich sein Schicksal an. Wer einmal Glück gehabt oder Geschicklichkeit bewiesen hat, dem traut man es immer zu. Wer einmal das Vertrauen täuschte, braucht lange, es wieder zu gewinnen.

**Unbeherrschbare Faktoren** Das Geheimnis der Schule Moltkes war im Grunde genommen, dass sie keines besaß[133]. »Zu der Rechnung mit einer bekannten und einer unbekannten Größe – dem eigenen und dem feindlichen Willen –, schreibt Moltke, »treten noch dritte Faktoren, die sich vollends jeder Voraussicht entziehen, Witte-

rung, Krankheiten und Eisenbahnunfälle, Missverständnisse und Täuschungen, kurz alle die Einwirkungen, welche man Zufall, Verhängnis oder höhere Fügung nennen mag, die aber der Mensch weder schafft noch beherrscht.«[134] »Im Krieg ist alles unsicher, nichts gefahrlos«, setzt Moltke fort, »und schwerlich wird man auf anderem Wege zu großen Resultaten gelangen. Große Erfolge im Kriege sind aber einmal nicht ohne große Gefahren zu erreichen.«[135] Seine Lehre lässt sich im Wesentlichen wie folgt zusammenfassen:
- genaueste Vorbereitung in den Grenzen des Berechenbaren,
- Fähigkeit, das Unberechenbare wirken zu lassen und aus ihm Nutzen zu ziehen,
- systematische Schulung der Mitarbeiter in der Lösung strategischer und operativer Fragen, und
- weitgehende Handlungsfreiheit der Führungskräfte im Rahmen vereinbarter Ziele und Rahmenbedingungen.

Alles ist unsicher, außer dem Kapital des Feldherrn an Willen und Tatkraft. Die Strategie ist nichts weiter als die Anwendung des gesunden Menschenverstandes. Sie ist die Kunst der gezielten Anwendung der verfügbaren Ressourcen und dynamischen Fähigkeiten, ein System von Aushilfen, deren Sinn darin besteht, im konkreten, niemals in allen Einzelheiten vorauszubestimmenden Einzelfall das zweckmäßigste zu tun, um den Kernauftrag zu erfüllen. Seine Führungsmethode beruhte auf einer klaren Auftragsbestimmung in Verbindung mit operativer Handlungsfreiheit der Unterführer. Sein Arbeitsideal umriss Moltke mit den Worten: »Mehr sein als scheinen.«

*Mehr sein als scheinen*

### Die Schüler des 20. Jahrhunderts:
### Was Jack Welch von Moltke gelernt hat

»Strategy follows people.
The right person leads to the right strategy.«
Jack Welch

Der frühere Chef von General Electric, Jack Welch, setzt sich in seinen firmen-internen Schriften und in seiner Biographie ausführlich mit dem Gedankengut Moltkes auseinander[136]. Er

*Moltke als Vorbild*

erläutert immer wieder, dass die Strategie kein Aktionsplan ist, sondern die »evolution (d.i. Fortbildung) of a central idea through continually changing circumstances«. Diese Definition der Strategie von Moltke wendet er auf die Führung von General Electric an. Um diese zentrale Idee in der Sprache Moltkes entwickelt Jack Welch die Führungswerte von General Electric – Einfachheit, Schnelligkeit, Realitätssinn, Selbstvertrauen, Offenheit, Exzellenz, Integrität –, auf denen die über zwanzig Jahre anhaltende Wertsteigerung von General Electric beruht.

**Fünf strategische Fragen** Die Auseinandersetzung mit Moltke und dem preußischen Generalstab regt Welch zu einer Reihe von Fragen an, die für ihn im Lauf der Jahre offensichtlich nützlicher waren als alle Zahlen in den strategischen Plänen. Die fünf Fragen, die jeder Leiter einer strategischen Geschäftseinheit beantworten muss, lauten demnach:
1. Welche Position nimmt die strategische Geschäftseinheit heute weltweit im Vergleich zu ihren Konkurrenten ein (Marktanteile, Stärken der Produktlinie, aufgeteilt nach Regionen)?
2. Welche Maßnahmen haben die Konkurrenten in den vergangenen zwei Jahren ergriffen, die das Wettbewerbsumfeld verändert haben?
3. Was hat die strategische Geschäftseinheit in den vergangenen zwei Jahren getan, um dieses Wettbewerbsumfeld zu verändern?
4. Was fürchtet die Geschäftseinheit am meisten, dass die Konkurrenten in den nächsten zwei Jahren tun könnten, um das Wettbewerbsumfeld zu verändern?
5. Was beabsichtigt die strategische Geschäftseinheit in den nächsten zwei Jahren zu tun, um den Aktionen der Konkurrenten zuvorzukommen?

Diese fünf Fragen Jack Welchs decken sich mit den Fragen, die Moltke an seine Generale stellte:
1. Was ist, und was kann kommen?
2. Wie stellen wir uns darauf ein?
3. Wie führen wir das, was notwendig ist, durch?

## Der geistige Hintergrund der Militärstrategie

»Ich bin kein großer Mann, alles, was ich geleistet habe, beruht auf der Anwendung einiger weniger Grundsätze.«
Helmuth von Moltke

Die Epoche der Männer mit universaler Bildung wie Scharnhorst, Gneisenau, Clausewitz und Moltke ging zu Ende, und es begann die Zeit der Fachleute ohne kulturelle Perspektiven, der Funktionäre eines technischen Apparates. Mit zunehmender Entwicklung der Wissenschaft von der »Universalität zur Spezialität« nahm in der Folgezeit die fachliche Beschränkung und die Einseitigkeit im strategischen Denken zu. In Moltke wirkte vieles, was ihm Erziehung und Bildung an klassischer deutscher Philosophie nahe brachte, auch später noch fort: Dazu gehörte auch der Kantsche Geist: kategorischer Imperativ, empirischer Realismus und transzendentaler Idealismus. Seine Nachfolger besaßen noch seine Disziplin und Exaktheit, Intelligenz und Belehrtheit, aber nicht mehr seinen Geist. Das aufkommende technische Zeitalter nivellierte zunehmend die Charaktere und führte zu einem Erlahmen schöpferischer Impulse im strategischen Denken.[137] Die wirklichen Strategen, aufgeschlossen gegenüber den geistigen und politischen Strömungen der Zeit, deren Herz der Truppe, deren Kopf der Wissenschaft und Kunst der Strategie gehörte, die Mittler zwischen strategischen und politischen Erwägungen, die Verantwortungsbewusstsein und selbstständiges Denken an den Tag legten, wurden immer seltener, die Professionisten des Krieges und Exekutoren immer zahlreicher.

*Universale Bildung*

Die besten Offiziere aus der Zeit bis Moltke waren kultivierte, gebildete Männer mit weitreichenden geistigen Interessen: Sie hatten Geschichte, Philosophie und Politik studiert und besaßen Verantwortungsgefühl und Weitblick. Nach Moltke lagen die Dinge anders. »Selbst die fähigsten militärischen Führer waren ›Professionals‹ einer neuen Art, Techniker der Macht, Fachleute in ihrem Metier, aber ohne Interesse für irgendetwas außerhalb dieser Eingrenzung. Je stärker sich diese Art von Professionalismus entwickelte, umso mehr schwanden politisches Denken und Verantwortungsgefühl.«[138]

*Führen mit Herz und Vernunft*

Das Ideal des fachlich hochqualifizierten Spezialisten, wie es anscheinend heute die Vertreter der Militärstrategie anstreben, vermag der Wettbewerbsstrategie kaum mehr Impulse zu geben. Inwieweit dies aufgrund der geänderten Situationen überhaupt noch möglich ist – diese Frage bleibt offen. Ausnahmen wie z.B. Donnithorne[139] und Sullivan/Harper[140] bestätigen die Regel.

### Der weite Weg von der Militärstrategie zu Leadership

»Aber Glück hat auf die Dauer
doch zumeist wohl nur der Tüchtige.«
Helmuth von Moltke

*Von den großen Strategen ...*  Von Moltke bis zu den heutigen Strategen ist es ein weiter Weg, der zu immer stärkerer Einengung des philosophischen Horizontes geführt hat. Führt man sich den Wandel von einem an der Philosophie orientierten strategischen Denken zu einem reinen Zweckdenken vor Augen, so ist man geneigt von einem »Fluch der Evolution«[141] zu sprechen.

*... zu Leadership-Qualitäten*  Aber alle großen Strategen der Geschichte haben gewisse gemeinsame Züge, ohne die ihr Ruhm undenkbar wäre:
- Sie sind bescheiden und selbstgenügsam: Sie halten wenig von dem, was die Masse der Menschen begehrt.
- Sie sehen die Dinge, so wie sie sind, und nicht, wie sie sie wünschen. Napoleon beispielsweise ist als Stratege gescheitert, als er seinen Realitätssinn verloren hatte.
- Sie erwarten von den Menschen keine Vollkommenheit und sind bereit, ihre Schwächen zu verzeihen.
- Sie wissen, wann man aufhören muss: Die höchste Kunst ist nicht, Erfolg zu haben, sondern zu wissen, wann man aufhören muss.
- Sie wirken durch ihre Persönlichkeit und ihr Vorbild; ihre Untergebenen haben oft ein ähnliches Potenzial. In diesen regen sie selbstständige und kreative Initiativen.

Daraus ergeben sich folgende Leadership-Qualitäten:
- ein schneller und umfassender Geist,
- eine unglaubliche Arbeitskraft und Energie,

- Zielorientierung und Sinn für das Wesentliche,
- intellektuelle Redlichkeit,
- keine Illusionen über Menschen und Dinge,
- eine Begabung, Menschen zu beeinflussen, ohne ihnen zu schmeicheln und
- die Fähigkeit, immer vorbereitet zu sein und Nutzen aus dem Unerwarteten und Unvorhersehbaren zu ziehen.

All diese Eigenschaften können dem Erfolg Dauer verleihen.

## Allgemeine Grundsätze der Militärstrategie als übergeordnete Bestimmungsgrößen des Handelns

»Die ganze Schwierigkeit besteht darin: den Grundsätzen, welche man sich gemacht, in der Ausführung treu zu bleiben.«

Karl von Clausewitz

Die zunehmende Komplexität der modernen Führung bringt es mit sich, dass einfache, aber allgemeingültige »strategische Wahrheiten« oder Grundprinzipien gesucht werden, an denen sich Führungskräfte orientieren können. Viele Praktiker und Theoretiker der Militärstrategie haben nach allgemeinen Grundsätzen der Strategie gesucht, ohne die der Stratege unbeständig wäre. Auch wenn es keine Einigkeit über die Anzahl dieser Grundprinzipien gibt, so enthält doch jede Liste mehr oder weniger die im folgenden aufgezählten Maximen, die auch für die Unternehmensführung von Interesse sind[142]:

*Grundprinzipien*

Die strategischen Grundprinzipien

- Ziel,
- Offensive,
- Defensive,
- Rückzug,
- einheitliche Ausrichtung,
- Konzentration der Kräfte (oder das Bilden von Masse),
- Ökonomie der Kräfte (oder die Wirtschaftlichkeit),
- Zusammenarbeit,
- Flexibilität,

- Handlungsfreiheit,
- Überraschung,
- Sicherheit,
- Einfachheit,
- Entschlossenheit,
- Einsatzbereitschaft,
- das Prinzip der strategischen Reserven,
- der Grundsatz der unüberschreitbaren Grenzen.

In der Theorie erscheinen sie einfach und selbstverständlich. Ihre konkrete Anwendung ist schwierig, weil die Situation nicht immer klar ist, Reibungen auftreten können und wichtige Informationen fehlen. Trotzdem sind viele Autoren der Ansicht, dass diese Grundprinzipien unveränderlich sind und gleichsam »ewige Wahrheiten« darstellen. Der Erfolg in der Strategie wird auf die Anwendung dieser Grundprinzipien zurückgeführt.

Einwände Unterzieht man diese Grundprinzipien einer kritischen Analyse, scheinen die folgenden Einwände gerechtfertigt:
- Die Unveränderlichkeit der Prinzipien ist nicht wörtlich zu nehmen.
- Die Auffassungen über Sinn und Inhalt der einzelnen Prinzipien sind nicht einheitlich.
- Die Prinzipien überlappen sich und lassen sich nicht eindeutig abgrenzen; sie sind in Bewegung und verlangen eine ständige Neudefinition.
- Die Prinzipien stellen keine Gesetzmäßigkeiten dar; die Bedingungen, unter denen strategische Entscheidungen getroffen werden, sind von Fall zu Fall verschieden.
- Die strategischen Grundprinzipien sind in Wirklichkeit keine Prinzipien, sondern schlicht und ergreifend Methoden und Verfahren des gesunden Menschenverstandes, die von großen Heerführern und Unternehmern in der Vergangenheit mit Erfolg angewandt wurden.
- Änderungen in den Bedingungen, unter denen sich die Führung eines Unternehmens vollzieht, verschieben die relative Bedeutung der einzelnen Grundprinzipien.

Die Grundprinzipien sind von einer extremen Abstraktion. Diese gewährleistet zwar ihre Universalität, schränkt jedoch ihren Nutzen für die unmittelbare Ausarbeitung einer Strategie oder strategischen Entscheidung ein. Die Nichtbeachtung dieser Prinzipien widerspricht allerdings dem gesunden Menschenverstand.

Jeder Unternehmer und jede Führungskraft muss also danach trachten, die Grundprinzipien der Strategie anzuwenden, und zwar gemäß seiner persönlichen Einstellung, seinen Möglichkeiten, dem Markt und den spezifischen Bedingungen, der seine Entscheidung unterliegt. In der Strategie gibt es keine Rezepte, und »strategische Wahrheiten« sollten niemals als blind zu befolgende Erfolgsformeln aufgefasst werden. Die einzigen allgemeingültigen und unveränderlichen Grundprinzipien sind Antizipation, Flexibilität, Wahrung der Handlungsfreiheit, Disziplin und gesunder Menschenverstand.

*Grundprinzipien gelten gemäß der Persönlichkeit und allgemeinen Rahmenbedingungen*

## Zusammenfassung für den eiligen Leser

Strategisches Denken klammert sich an keine Regeln des Handelns. Strategisches Denken ist geistige Disziplin.

Die wichtigsten Erkenntnisse aus der Militärstrategie sind:
- Die Militärstrategie vermittelt eine klare und tiefe Einsicht in das Wesen der Strategie. Man darf allerdings keine Rezepte erwarten. Die Militärstrategie ist »Anleitung zum Selbstdenken« sowie Schulung in strategischer Selbsterziehung und Selbstprägung.
- Viele Grundsätze der Strategen der Antike sind noch heute brauchbar. Als Beispiele dafür sind zu nennen: *Dem fliehenden Feind muss man goldenen Brücken bauen* oder *die Pläne sind am besten, die dem Gegner bis zum Augenblick der Ausführung verborgen bleiben können.*
- Machiavelli ist der Erfinder des Generalstabs.
- Auf Friedrich den Großen gehen eine Vielzahl allgemein gültiger strategischer Maximen zurück. Napoleon war der Vertreter der direkten Strategie; seine Methoden, mit denen er den Gegner zu vernichten suchte, waren einfach, direkt und brutal

*Erkenntnisse der Militärstrategie*

- Begriffe wie Mitverantwortung des Planers, Führung durch Direktiven, Strategie als gemeinsame Logik des Handelns gehen auf den preußischen Generalstab zurück, der Anfang des 19. Jahrhunderts von Scharnhorst, von Massenbach und Gneisenau eingeführt wurde und der zugleich Führungsschule und Lebensschule war.
- Clausewitz, der Philosoph des Krieges, ist für die Wettbewerbsstrategie nur mit Vorbehalten brauchbar. Clausewitz hat sehr viel zur Erhellung der moralischen Sphäre beigetragen, jedoch nur auf das Ende eines Krieges und nicht darüber hinaus auf den nachherigen Frieden geschaut. Clausewitz war ebenfalls der Vertreter der direkten Strategie und somit der »Vernichtungsstrategie«. Die Strategie selbst hat Clausewitz gering eingeschätzt.
- Mit Moltke wird der Höhepunkt des strategischen Denkens erreicht: Für ihn ist die Strategie die »Anwendung des gesunden Menschenverstandes«. Die Strategie ist für Moltke ein »System von Aushilfen« und die »Fortbildung des ursprünglich leitenden Gedankens entsprechend den stets sich ändernden Verhältnissen«.

## Und was sagt Nasreddin?

Nasreddin verliert eines Tages seinen Goldring irgendwo im Haus. Nachdem er eine Weile sucht und ihn nicht findet, geht er nach draußen, um ihn dort zu suchen. Ein Nachbar kommt und fragt, wonach er sucht. »Ich suche meinen Ring«, antwortet Nasreddin. Beide suchen eine Weile. »Wo hast du ihn denn verloren?« fragt der Nachbar. »Irgendwo im Haus«, sagt Nasreddin. »Warum suchst du ihn dann hier draußen?« »Weil hier mehr Licht ist«, antwortet Nasreddin.

*Eine Moral von der Geschichte*

Wir sind oft geneigt, nach Lösungen zu suchen, wo sie am einfachsten zu sein scheinen. Antworten auf unsere Probleme und Lösungsansätze für neue Möglichkeiten werden jedoch dort gefunden, wo sie entstanden sind – in unseren Vorstellungen, in unserem Streben, in unserem Handeln.

# IV Die Auswahl und Beurteilung der Führungskräfte und Mitarbeiter

Die Erfahrungen der Militärstrategie nutzen

»Wir sind das, was wir denken.
Alles, was wir sind, kommt von unseren Gedanken.
Mit unseren Gedanken bauen wir die Welt.«
Buddha

Das Problem mit Büchern über Militärstrategie ist immer die Art, wie man sie liest. Wer Rezepte sucht, wird enttäuscht sein, weil man keine findet oder weil man die allgemeinen Grundsätze falsch interpretiert.

Wer dagegen Chancen und Probleme auf eine neue, andere Art durchdenken will, wird reichlich belohnt und kann aus den Erfahrungen der Militärstrategie großen Nutzen für seine unternehmerischen Entscheidungen ziehen. »Die Theorie«, sagt Clausewitz, »soll den Geist des künftigen Führers im Kriege erziehen oder vielmehr ihn bei seiner Selbsterziehung leiten, nicht aber ihn auf das Schlachtfeld begleiten; so wie ein weiser Erzieher die Geistesentwicklung eines Jünglings lenkt und erleichtert, ohne ihn darum das ganze Leben hindurch am Gängelbande zu führen«[143]. Auf die Wirtschaft übertragen, heißt das, dass ein Unternehmer selten im Wettbewerb mit einem auswendig gelernten Lehrbuch im Kopf handelt. Die meisten Führungskräfte haben in der Regel viel gelesen und pflegen einen intensiven Gedankenaustausch mit Beratern und Wissenschaftlern – was für ihre strategische Selbsterziehung hilfreich ist.

*Militärstrategie Quelle von Anregungen*

Im Krieg wie im Wettbewerb ändern sich die Situationen laufend und verlangen immer neue, kreative Antworten. In beiden Bereichen hängen die Ergebnisse von der richtigen Anwendung einiger weniger, einfacher Grundsätze ab. Diese

Grundsätze bleiben auf Dauer mehr oder weniger gleich. Wer sie wirklich verinnerlicht, tut sich im praktischen Leben leichter, auf welcher Verantwortungsebene er auch tätig ist.

Was aber macht einen Strategen aus? Nach ihrer Erfolgsformel gefragt, antworten viele Führende: »Ich habe immer etwas mehr gearbeitet als die anderen.« »Wohl auch etwas anders und besser«, ist man geneigt hinzuzufügen. Der »unendliche Leistungswille« ist mit Sicherheit ein Element von Strategie und Leadership.

Unendlicher Leistungswille

**Immer ein zupackender Mensch sein**

Führende, so sagte bereits Jack Welch, werden gut bezahlt, um kurzfristig Ergebnisse zu erzielen und *gleichzeitig* das Unternehmen stärker zu machen. Mit dieser Aussage überträgt Jack Welch das Ideal Moltkes in der *Verbindung von taktischer Defensive mit strategischer Offensive* auf die Wirtschaft:
Halten gewinnbringender Marktpositionen (d.i. taktische Defensive) und Aufbau zukünftiger Gewinnpotenziale (d.i. strategische Offensive) mit dem aus der taktischen Defensive erwirtschafteten Cash-flow-Überschuss. Die taktische Devensive betrifft die Performance, die strategische Offensive das profitable Wachstum.

Abbildung 12 veranschaulicht diesen Zusammenhang. Shareholder Value ist nichts anderes als Vermögensmehrung durch langfristige und nachhaltige Gewinnerwirtschaftung, wobei der Gewinn größer als die Kapitalkosten sein muß.

Der turbulente Charakter unserer Zeit lässt jedes feste Ziel und jeden Stillstand undenkbar erscheinen. Er verlangt Leadership und Strategie und mutet jedem Unternehmen zu, solange es mittun will, veränderlich zu bleiben. Es gibt in der Wirtschaft keinen statischen Gleichgewichtszustand. Auf der Suche nach dieser Verbindung sind die Unternehmen ständig in Bewegung. Dies hält sie jung und vital.

*Abb. 12: Grundschema für die Beurteilung der Leadership-Leistungen (in Anlehnung an Stewart/Stern)*

Um das zu erreichen, besteht eine der wichtigsten unternehmerischen Aufgaben darin, die richtigen Leute für Führungspositionen auszuwählen und sie in die Lage zu versetzen, dass sie ihr Bestes geben können.

Die Auswahl der Führungskräfte und Mitarbeiter ist die primäre unternehmerische Aufgabe. »People first, strategy second« – diese Aussage von Jack Welch drückt aus, dass sich die besten Strategien ohne fähige Führungskräfte und Mitarbeiter nicht verwirklichen lassen. Aber auch jeder Vorgesetzte ist dafür verantwortlich, dass alle Positionen in seinem Verantwortungsbereich mit den besten Mitarbeitern besetzt sind und diese sich in ihrem Aufgabenbereich entfalten können.

People first, strategy second

## Werte und Ziele als Beurteilungskriterien für Führungskräfte und Mitarbeiter

»Es gibt nur einen kleinen Unterschied zwischen den Menschen, aber dieser kleine Unterschied macht einen großen Unterschied. Dieser kleine Unterschied ist die Einstellung. Der große Unterschied ist, ob sie positiv oder negativ ist.«

W. Clement Stone

Zwei Kriterien spielen für die Auswahl und Beurteilung der Führungskräfte und Mitarbeiter eine entscheidende Rolle:
1. das Leben und Vorleben der *Führungswerte*,
2. das Erreichen der vereinbarten *Ziele*.

**Führungswerte** Beispiele für Führungswerte[144] sind:
- *Unternehmerisches Denken und Handeln*: Verfügt er oder sie über die Fähigkeit, Bereitschaft und auch den Willen, neue Möglichkeiten zu erschließen und Probleme kreativ zu lösen?
- *Integrität*: Wie verhält er oder sie sich in Situationen, in denen Entscheidungen nach bestem Wissen und Gewissen gefordert sind?
- *Empowerment*: Kann er oder sie Mitarbeiter anregen und in die Lage versetzen, ihren Handlungsspielraum kreativ und innovativ im Unternehmensinteresse zu nutzen?
- *Mut*: Hält er oder sie äußerem Druck stand und ist in der Lage, Entscheidungen in Situationen herbeizuführen, wo ein Konsens nicht möglich ist?
- *Denken in Netzwerken*: Wie ausgeprägt ist die »Helikopterfähigkeit«, also analytisches Denken in großen Zusammenhängen und Prioritätenorientierung?
- *Soziale Kompetenz*: Inwieweit verfügt er oder sie über Einfühlungsvermögen, Ausgeglichenheit, Motivations- und Kommunikationsfähigkeit sowie über die Fähigkeit, sich in andere Kulturen hineinzuversetzen?
- *Teamfähigkeit*: Greift er oder sie in Diskussionen Beiträge anderer auf und entwickelt sie weiter, schlägt akzeptanzfähige, herausfordernde Kompromisse vor, integriert Fraktionen und unterschiedliche Gesichtspunkte? Werden seine oder ihre Argumente von anderen anerkannt?

Weitere Werte können sein: Respekt vor dem anderen und vor den Leistungen der Vorgänger, offene und ehrliche Kommunikation, Schnelligkeit, Einfachheit, Demut, Vertrauenswürdigkeit, Gerechtigkeit oder auch Sinn für Dringlichkeit.

Es ist wichtig, diese Werte schriftlich festzuhalten. In einem Wertevakuum breiten sich Partikularinteressen, Neid, Rücksichtslosigkeit und andere Untugenden aus, die die Wettbewerbsfähigkeit eines jeden Unternehmens schwächen. Die drei bis fünf wichtigsten Jahresziele werden ebenso wie die entsprechenden Rahmenbedingungen im Mitarbeitergespräch vereinbart. Vereinbarung von Zielen und Rahmenbedingungen

Jede Führungskraft und jeder Mitarbeiter wird in Bezug auf Führungswerte und Ziele beurteilt. Die Ergebnisse werden in die Matrix eingetragen (Abb. 13): Die Leadership-Matrix

Abb. 13: *Die Auswahl und Beurteilung der Führungskräfte und Mitarbeiter (in Anlehnung an GE)*

- Führungskräfte und Mitarbeiter vom Typ II sind Spitze. Sie tragen wesentlich zur langfristigen und nachhaltigen Wertsteigerung des Unternehmens bei. Sie müssen entsprechend »in der Geldtasche und in der Seele« belohnt werden.
- Führungskräfte vom Typ III sind fehl am Platz; eine sofortige Trennung ist notwendig.

- Führungskräfte vom Typ IV leben die Führungswerte vor, erreichen die vereinbarten Ziele jedoch nicht. Sie erhalten Unterstützung und eine zweite, häufig eine dritte Chance.
- Führungskräfte vom Typ I erreichen oder übertreffen sogar die vereinbarten Ziele, leben jedoch nicht die Führungswerte des Unternehmens. Eine Trennung ist notwendig, auch wenn die Entscheidung schwer fällt. Der Grund: Es ist oft leicht, Ergebnisse kurzfristig zu verbessern, wenn ohne Rücksicht auf die Kultur und die Kernkompetenzen des Unternehmens vorgegangen wird.

Menschen, die in Führungspositionen berufen werden, müssen wissen, dass sie als herausgestellte Mitarbeiter persönlich eine Vorbildfunktion einnehmen. Es muss an ihnen ablesbar sein, dass sie nicht nur Wissen und Können, d.h. Professionalität, sondern zugleich auch Werte vertreten, die von allen geteilt werden. Es gibt keine Führungsfunktion ohne sichtbare charakterliche Vor- oder Sinnbildfunktion.

*Goldene Regeln der Führungskräftebeurteilung*

Drei goldene Regeln der Führungskräfte- und Mitarbeiterbeurteilung lauten:
1. Frage einfache Mitarbeiter auf den untersten Verantwortungsebenen, wie sich Führungskräfte ihnen gegenüber verhalten. Menschen lernt man bekanntlich am besten kennen, wenn man beobachtet, wie sie sich gegenüber den Schwachen benehmen. Leadership und Herzensbildung zeigen sich dann, wenn Führende mit Mitarbeitern in untergeordneten Tätigkeiten eher doppelt so bescheiden und achtungsvoll verkehren als mit ihresgleichen und wenn sie weniger Erfolgreichen niemals ihr Zurückbleiben fühlen lassen.
2. Beurteile Menschen nicht nach ihren Meinungen, sondern nach dem, was diese Meinungen aus ihnen machen.
3. Beurteile Menschen nach dem schlechtesten Teil ihrer Persönlichkeit. Welche Rolle würde dieser aggressive, cholerische und rücksichtslose Finanzchef als Vorstandsvorsitzender spielen? Was würde dieser kleinlich denkende, wankelmütige Mitarbeiter als Leiter der Marketingabteilung machen? Was wäre von einem tüchtigen, jedoch entscheidungsunfähigen Mitarbeiter zu erwarten? Mit welchen Mitarbeitern würde sich ein Geschäftemacher ohne ethische Prinzipien umgeben? In jedem Unternehmen besteht die

Gefahr, dass organisierte Minderheiten desorganisierte Mehrheiten beherrschen.[145]

Im Grunde vermag nur der die richtigen Führungskräfte und Mitarbeiter auszuwählen, der versteht, was Leadership bedeutet. Dies gelingt dem, der zwischen dem *Führenden und dem Geführten in sich selbst* scharf zu unterscheiden gelernt hat. Wer so weit ist, erkennt, wie selbstverständlich, wer als Führender dem Unternehmen oder der Gemeinschaft dienen kann.

### Der Vitalitätsquotient

»Dem gehorchen die Menschen gerne, von dem sie wissen, dass er verständiger auf ihr Wohl bedacht ist als sie selbst.«

Xenophon

In jedem Unternehmen kommt es darauf an, alle Möglichkeiten zur Produktivitätssteigerung zu nutzen. Einer der wichtigsten Faktoren, der häufig viel zu wenig beachtet wird, ist der Vitalitätsgrad der Mitarbeiter.[146]

Vitalität wird definiert als die Menge an persönlichen Ergebnissen (persönliche Leistungen, Karrierefortschritte, Erfahrungen, Selbstwert, Beziehungen zu anderen usw.), die eine Person aus seiner Art zu leben erzielen kann. Der Vitalitätsquotient misst das Verhältnis aus persönlichen Ergebnissen und dem dazu benötigten Energie-Input:

*Vitalitätsquotient ist persönliche Produktivität*

$$\text{Vitalitätsquotient} = \frac{\text{Persönliche Ergebnisse}}{\text{Energie-Input}}$$

Der Vitalitätsquotient gibt an, welches Maß an Zufriedenheit jemand für seine Lebensqualität und seinen Lebensrhythmus hervorzubringen in der Lage ist, bezogen auf die dafür aufgewendete Energie. Der Vitalitätsquotient ist groß, wenn es gelingt, mit wenig Anstrengung gute Ergebnisse und eine hohe und ausreichende Vitalität zu erreichen. Er ist niedrig, wenn bei hohem Energieverbrauch ein geringes Maß an Vitalität erzielt wird. Viele Menschen sind glücklich, wenn sie mit großer Anstrengung viele persönliche Ergebnisse erzielen.

Ein Unternehmen ist in der Regel umso erfolgreicher, je höher der Vitalitätsquotient seiner Mitarbeiter ist. Führende können den Mitarbeitern helfen, ihren Vitalitätsquotienten zu erhöhen, und zwar dadurch, dass sie
1. mit ihnen *Ziele* vereinbaren, die mess- und kontrollierbar sind,
2. *Rahmenbedingungen* gemeinsam mit ihnen festlegen, die es ihnen erlauben, kreativ und initiativ an ihre Aufgaben heranzugehen,
3. sie für die *Folgen* entweder durch positive oder negative Anreize verantwortlich machen, und
4. ihnen ein *Feedback* geben.[147]

»Wer sich beklagt, dass er zu viel zu tun hat«, so Walther Rathenau,»beweist, dass er nicht organisieren kann. Napoleon hätte nie abgelehnt, Spanien zu erobern mit der Motivierung, er sei überlastet. Wer dagegen zu wenig zu tun hat, beweist, dass er überflüssig ist.«

**Heiterkeit und Lebensfreude ausstrahlen**

Ein hoher Vitalitätsgrad ist eine Sache der Einstellung, des Selbstvertrauens und des Könnens. Er hängt von der Situation ab, in der jemand handelt. Vitale Mitarbeiter sind sich des Risikos bewusst, Fehler zu begehen, sie wissen, dass jeder Erfolg mit Kosten, welcher Art auch immer, verbunden, dass jedes Verhalten unvollkommen ist und dass man nicht mit allen übereinstimmen kann. Dies alles hindert sie nicht, jeden positiven Aspekt des Lebens zu genießen, jede heitere Minute zu nutzen, voll Humor und Lebensfreude zu sein, das Positive in den anderen hervorzuheben und jede Gelegenheit zu nutzen, um sich den vereinbarten oder selbstgesetzten Zielen zu nähern.[148] Diese Einstellung kommt wiederum am besten in der stoischen Grundhaltung dem Leben gegenüber zum Ausdruck: Wir sind staunende Zuschauer und Bewunderer der Werke Gottes, freudige Teilnehmer am grandiosen Schauspiel des Weltgeschehens.

*Mitarbeiter fördern – Leadership fördern –*
*sich von Underperformern trennen*

Der Erfolg eines Unternehmens hängt von den Leadership-Fähigkeiten und den Strategien der Führenden ab. Diese sind dafür verantwortlich, wie gut das Unternehmen in die Zukunft gelenkt wird. Der Unterschied in der unternehmerischen Leistung zwischen gut und schlecht geführten Konzernen macht weltweit Hunderte von Millionen von Arbeitsplätzen und Tausende von Milliarden Euros aus.

In der Wirtschaft unserer Zeit kann niemand auf die Tatsache bauen, eine Sache gut gemacht zu haben und sie auch in Zukunft so wie bisher zu machen. Diese Einstellung führt auf lange Sicht zu Misserfolg. Heute muss jeder immer neugierig und bestrebt sein, auf eine neue, effizientere Art das zu tun, was in der Vergangenheit getan wurde: Über den Dingen zu stehen, Möglichkeiten entdecken, überall die Initiative zu ergreifen und jedem Ereignis gegenüber Leadership-Qualitäten zu beweisen.

Die Frage, die sich die Führenden stellen müssen, lautet: Messen und belohnen wir das spezifische Verhalten, das wir wünschen? Denn, wie der frühere Chef von General Electric, Jack Welch, immer betont, »wir bekommen das, was wir belohnen.«[149] Mit anderen Worten: Führende erhalten von ihren Mitarbeitern das Verhalten, das sie bei diesen tolerieren.

*Führende erhalten das Verhalten, das sie bei den Mitarbeitern tolerieren*

Die gesellschaftliche Verantwortung der Führenden betrifft die *nachhaltige* und *langfristige* Wertsteigerung des Unternehmens. Dies gelingt mit engagierten Führungskräften und Mitarbeitern, die auf Dauer Werte für die Kunden, die Anteilseigner und die *financial community*, die Gesellschaft und die anderen *Stakeholder* schaffen.

Die Führenden haben *nicht* die Verantwortung für *eine* Führungskraft oder *einen* Mitarbeiter. Diese Erkenntnis erleichtert den oft schmerzhaften Prozess der Entlassung von Führungskräften und Mitarbeitern.[150] Walther Rathenau dazu: »Hast du einen Menschen ungeeignet für seinen Posten gefunden, so setze ihn eher mit vollem Gehalt zur Ruhe, als dass du ihn in seiner Stellung behältst, denn er wird nicht nur dir und sich selbst, sondern ungezählten Anderen schaden«.

*Führende haben eine Gesamtverantwortung*

Die Fortschritts- und Anpassungsfähigkeiten des Menschen sind andererseits außerordentlich groß. Der organisatorische

Kontext selbst bewirkt häufig die notwendigen Leadership-Fähigkeiten. Es liegt deshalb im zentralen Interesse eines jeden Unternehmens,
1. die Leadership-Fähigkeiten zu fördern und zu entwickeln, die für seine strategische Ausrichtung notwendig sind, und
2. zu verhindern, dass Strategien und Aktionspläne den Fähigkeiten einzelner, auch herausragender, Führungskräfte untergeordnet werden.

Auf diesen Grundsatz hat bereits Friedrich der Große hingewiesen. Denn herausragende Führungskräfte neigen häufig dazu, die Beiträge anderer Unternehmensmitglieder nicht voll zur Entfaltung zu bringen. Je turbulenter die Umwelt ist, desto mehr benötigt jedes Unternehmen das Engagement *aller* Führungskräfte und Mitarbeiter.

### Begeisterung in das Unternehmen hineintragen

> »Nichts Großes in der Welt ist
> ohne Leidenschaft vollbracht worden.«
> Friedrich Hegel

**Leidenschaftlich führen** Es ist nicht bekannt, ob der ehemalige General Electric-Chef Jack Welch diesen Ausspruch Hegels gekannt hat, wenn er schreibt, dass: »Leidenschaft« die Eigenschaft ist, die die Top Performer im Unternehmen kennzeichnet: Ein Merkmal herausragender Mitarbeiter, so Jack Welch, ist, dass sie sich mehr als die anderen um Details kümmern und dabei das Ganze nicht aus den Augen verlieren. In der Tat heißt Leadership, stets das Große und Ganze des Unternehmens im Auge zu behalten, ohne dabei die Einzelheiten zu vernachlässigen. »Große Organisationen entzünden Leidenschaft.«[151]

Bei Hegels Sentenz klingt mit, dass nichts Großes in der Welt ohne den inneren Aufschwung, ohne die Hingabe vieler Menschen vollbracht wurde. Hermann Gmeiner, der Gründer von SOS-Kinderdorf, drückt dies so aus: »Alles Große in der Welt geschieht nur, weil jemand mehr tut, als er muss.«

Das Wort »Begeisterung« ist aus dem Sprachgebrauch vieler Unternehmen aber so gut wie verschwunden. Begeistert sein heißt, innerlich beteiligt sein. Begeisterung ist keine Emotion, sondern ein *innerer Zustand*, der auf rationale und bewusste Weise vorgelebt werden kann – wenn man es will. Leadership bedarf dieses inneren Feuers. Wird es nicht geschürt, verkrustet das Unternehmen.

Der Unternehmer muss Positionen mit Führungskräften besetzten, die sich dem Unternehmen selbst verpflichtet fühlen und die so handeln, als ob sie selbst Eigentümer des Unternehmens oder Unternehmensteiles wären.

*Sei zu allem, als sei es dein Eigenes*

Diese Art von Führungskräften scheint aus den Chefetagen börsennotierter Unternehmen weitgehend verschwunden zu sein. Geldgier, Größenwahn und Machtbesessenheit sind offenbar die herausragenden »Qualitäten« heutiger Spitzenkräfte, meint Alfred Schindler, Vorstandsvorsitzender des gleichnamigen Schweizer Familienunternehmens. Einem Unternehmer käme es nie in den Sinn, sich selbst zu bestehlen, indem er etwa Aktien zu überhöhten Kursen zurückkauft, damit die Aktien-Optionen mehr wert sind. Alfred Schindler schlägt in diesem Zusammenhang vor, dass nicht nur die Mitglieder des Vorstandes oder der Geschäftsleitung, sondern alle Führungskräfte der ersten Ebene viel größere Aktienpakete halten, die durch das Unternehmen selbst finanziert werden. Die den Führungskräften so aufgebürdeten Schulden würden diese zu maßvollem Handeln im Interesse des ganzen Unternehmens bringen und sie vielleicht sogar zu Unternehmern machen.

Was den heutigen Durchschnittsmitarbeiter ausmacht, ist nicht, dass er gehorcht oder sich führen lässt, sondern, dass er ohne innere Anteilnahme und Begeisterung gehorcht oder sich führen lässt. Der unternehmerisch denkende und handelnde Mitarbeiter wählt den, der ihn führen soll.

Was für Führungskräfte und Mitarbeiter gilt, gilt auch für Unternehmer und oberste Führungskräfte: Jeder Mensch in einer Vorzugsposition sollte danach beurteilt werden, ob seine positiven Seiten die negativen überwiegen. Keine schlechte

*Positive Seiten müssen negative mehr als kompensieren*

Eigenschaft entwertet die guten. Insgesamt muss jedoch davon ausgegangen werden können, dass bei allen Unternehmensmitgliedern ihr Wissen, Können und Sein oder Verhalten die Fehler mehr als kompensieren.

## Unternehmer und Führungskräfte personifizieren eine Gemeinschaft

> »Ich bin immer der Ansicht gewesen, dass man nur, wenn man seine eigenen Fehler durch ein Vergrößerungsglas betrachtet und mit denen seiner Mitmenschen genau das Gegenteil tut, zu einer gerechten Beurteilung beider gelangen kann.«
> 
> Mahatma Gandhi

*Führende sind Kollektivwesen* — Erfolgreiche Unternehmer und Führungskräfte sind Kollektiv-Wesen. Sie führen weniger als Individuen, obwohl die gegenteilige Annahme im Fall großer Führungspersönlichkeiten nahe liegt. Sie verkörpern jeweils eine bestimmte Gemeinschaft als solche und müssen deshalb von ihrem Persönlichen und Individuellen absehen. Das Persönliche und Individuelle zählt relativ. Leadership geht nicht vom persönlichen Menschen aus, sondern von der Personifizierung einer Gemeinschaft.

*Führende verkörpern die Werte des Unternehmens* — Führende verstehen die Kunst, die Werte zu verkörpern, die, bewusst oder unbewusst, auch die Werte der Mitarbeiter sind. Dadurch gewinnen sie die Herzen ihrer Mitarbeiter. Marc Aurel lebte die Werte der Stoa, die die Philosophie des römischen Kaiserreichs war, Moltke die preußischen Tugenden, Jack Welch die Werte einer kompetitiven Gesellschaft.

*Unternehmerische Leistungen sind das Ergebnis kollektiver Anstrengungen* — Außergewöhnliche Unternehmerpersönlichkeiten wie Jack Welch oder Bill Gates können, für eine gewisse Zeit, außergewöhnliche unternehmerische Leistungen erzielen. Die Industriegeschichte zeigt jedoch, dass langfristig außergewöhnliche unternehmerische Leistungen das Ergebnis bewusster und gewissenhafter Bemühungen einer Vielzahl von engagierten Führungskräften und Mitarbeitern sind, die eine vorgelebte Vision oder einen sinnvollen Kernauftrag in die Wirklichkeit umsetzen. Es sind die richtig geleiteten kollektiven Anstrengun-

gen, die letztlich ein Unternehmen zu dem machen, was es ist.[152]
Leadership ist die Resultierende aus drei Größen, nämlich
1. einer Vision,
2. einer Vorbildfunktion und
3. der Fähigkeit, nachhaltig und langfristig Werte für alle Stakeholder zu schaffen.

Zur Personifizierung einer Gemeinschaft sind fünf Dinge notwendig:

*Führen mit Herz und Vernunft*

1. *Wissen.* Wissen ist die Fähigkeit zum Handeln. Dazu gehört, über die Bedeutung von Entwicklungen in und außerhalb des Unternehmens zu diskutieren und daraus Konsequenzen zu ziehen. Dabei kommt es darauf an, sich nicht von Tagesmeinungen, wechselnden Stimmungen aus dem näheren Umfeld oder auch von eigenen vorgefassten Meinungen bestimmen zu lassen. Dies ist eine Sache der Vernunft.
2. *Können.* Können ist die Gabe, rechtzeitige und tatkräftige Entscheidungen zu treffen und das als richtig Erkannte in die Tat umzusetzen. Hier kommt es darauf an, sich nicht von der Größe des Risikos irritieren zu lassen. Die Fähigkeit, unternehmerische Veränderungsprozesse einzuleiten und aus Erfahrung schnell und aktiv zu lernen, sichert dem Unternehmen den Vorsprung in der neuen veränderten Welt. Der emotionale Bereich bestimmt wesentlich diese Fähigkeit.
3. *Dürfen.* Nicht alles, was ökonomisch sinnvoll und machbar ist oder sich in einer juristischen Grauzone bewegt, darf umgesetzt werden. Dies ist eine Sache der Führungswerte. Das Prinzip der unüberschreitbaren Grenzen besagt, dass ethische Werte dem unternehmerischen Handeln Schranken setzen.
4. *Talent* und *Erfahrung.* Darauf hat bereits Sokrates hingewiesen.
5. *Qualitative Faktoren.* Dazu gehören beispielsweise Einfühlungsvermögen, die Fähigkeit, den Dingen auf den Grund zu gehen, die Bereitschaft, auch Niederlagen anzunehmen und sich selbst in Frage zu stellen, Vertrauen auf mögliche Fortschritte, die Hingabe und der Einsatz für einen gemeinsamen Zweck.

*Wissen und Verhalten entscheidend*

Wer eine Gemeinschaft personifiziert, muss den Verlockungen von kurzfristigen Erfolgen und der Erschütterung durch Misserfolge widerstehen, eigene Wünsche zum Schweigen bringen und Wünsche und Forderungen der Mitarbeiter und Partner im Interesse des Ganzen berücksichtigen. Er muss mit Herz und Vernunft führen (Abb. 14).[153]

Es kommt letzten Endes auf *die innere Einstellung* an, um
- sich der großen Macht und folglich der Verantwortung bewusst zu sein;
- vom Sinn oder Ganzen her das Einzelne zu betreiben,
- die Weite des Gesichtsfeldes und innere Überlegenheit zu gewinnen, um das Nützliche für die anderen mit dem Angenehmen für sich selbst zu verbinden und
- den Mitarbeitern helfen, zu wachsen und sich zu entwickeln.

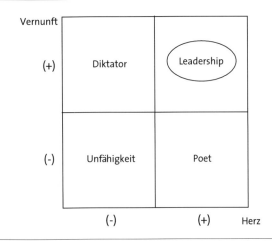

Abb. 14: *Führen mit Herz und Vernunft (in Anlehnung an Koestenbaum, 2002)*

**Verschiedenartigkeit zulassen** Auch bei Leadership und Strategie kommt es auf die ursprüngliche Gleichheit der Wellenlänge an (Abb. 15). Das bedeutet nicht, Verschiedenartigkeit unter den Mitarbeitern und Führungskräften auszuschließen. Ein komplexes System, wie es ein Unternehmen ist, erneuert sich in seiner Fähigkeit, Verschiedenartigkeit zuzulassen, zu fördern, im Interesse der Strategien zu nutzen sowie sich damit laufend zu erneuern.

Letztlich muss jeder Führende sich selbst Vorwürfe machen, wenn er nicht genug Energie in die Auswahl und Entwicklung seiner Mitarbeiter investiert hat und er deshalb wohl auch selbst mit daran schuld ist, dass sie nicht besser vorwärts kommen. Ein Unternehmen wächst in dem Maß, wie seine Mitarbeiter wachsen. Führende müssen deshalb an der Entwicklung ihrer Mitarbeiter interessiert sein. Je mehr sie zum individuellen Fortschritt ihrer Mitarbeiter beitragen, desto besser unterstützen sie die Unternehmensentwicklung.

**Auswahl der Mitarbeiter entscheidet**

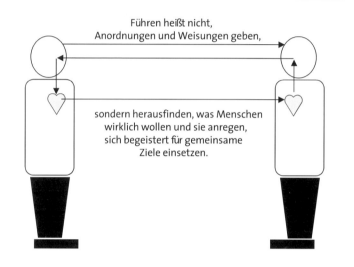

Abb. 15: *Die ganzheitliche Beziehung zwischen Führenden und Geführten (in Anlehnung an K. Baumgartner)*

## Wie lassen sich die Qualität des Arbeitsplatzes und das Führungsverhalten des Vorgesetzten beurteilen?

> »Ich kann freilich nicht sagen, ob es besser wird, wenn es anders wird; aber so viel kann ich sagen, es muss anders werden, wenn es gut werden soll.«
> Christoph Georg Lichtenberg

Jeder Mitarbeiter hat das Recht auf einen sinnvollen Arbeitsplatz, in dem er seine Talente entfalten kann. Wer Leistung

**Jeder hat ein Recht auf einen sinnvollen Arbeitsplatz**

fordert, muss Sinn bieten. Mitarbeiter, die sinnvolle Arbeit leisten, engagieren sich, die Kunden zufrieden zu stellen, ja sie zu begeistern und tragen dadurch zur Wertsteigerung des Unternehmens bei.

Die Fragen, die sich viele Unternehmer und oberste Führungskräfte stellen, sind:
- Wie lassen sich talentierte Führungskräfte und Mitarbeiter anziehen und halten?
- Was können Vorgesetzte tun, um ihre Mitarbeiter zu entwickeln?

In einer groß angelegten Untersuchung haben die beiden Projektleiter des US-Meinungsforschungsinstituts Gallup, Marcus Buckingham und Curt Coffman[154], zwölf Fragen ermittelt, mit denen sich die Qualität eines Arbeitsplatzes und auch das Führungsverhalten der Vorgesetzten messen lässt. Die zwölf Fragen sind in Abbildung 16 zusammengefasst. Ich habe noch zwei Fragen hinzugefügt, die sich nach meiner persönlichen Erfahrung als wertvoll für diese Beurteilungen erwiesen haben. Diese zwei Fragen lauten:
- Kann ich im Unternehmen offen meine Meinung sagen?
- Kann ich von meinem Vorgesetzten als Persönlichkeit lernen?

**Es gibt viele Kulturen im Unternehmen** Interessant an den Ergebnissen dieser Befragungen ist, dass die Abweichungen *innerhalb* eines Unternehmens größer sind als *zwischen* den Unternehmen. Dies weist darauf hin, dass es *die* Unternehmenskultur nicht gibt. Ein Unternehmen setzt sich aus vielen Kulturen zusammen, deren Stärken und Schwächen das Ergebnis situativer und führungsbedingter Faktoren sind.

Wenn Unternehmer und oberste Führungskräfte das Unternehmen in die Einzigartigkeit führen wollen, müssen sie:
1. jede Führungskraft dafür verantwortlich machen, wie ihre Mitarbeiter diese Fragen beantworten,
2. den Führungskräften helfen, die Maßnahmen zu ergreifen, damit die Mitarbeiter die Fragen zustimmend beantworten und
3. sich von den Führungskräften trennen, die nicht bereit oder fähig sind, ihren Mitarbeitern einen attraktiven Arbeitsplatz zu bieten.

1. Weiß ich, was von mir bei der Arbeit erwartet wird?

2. Habe ich die Materialien, die Einrichtungen und die IT-Unterstützung, die ich brauche, um meine Arbeit wirksam auszuführen?

3. Habe ich bei der Arbeit die Möglichkeit, das zu tun, was ich am besten kann?

4. Habe ich in der vergangenen Woche Anerkennung oder Lob für gut getane Arbeit erhalten?

5. Kümmert sich mein Vorgesetzter oder sonst wer im Unternehmen um mich als Person?

6. Fördert jemand im Unternehmen meine Entwicklung?

7. Zählen meine Ansichten bei der Arbeit?

8. Vermittelt mir das Leitbild/der Zweck des Unternehmens den Eindruck, dass meine Arbeit wichtig ist?

9. Setzen sich meine Mitarbeiter für Qualitätsarbeit ein?

10. Habe ich einen besten Freund bei der Arbeit?

11. Hat in den vergangenen sechs Monaten jemand mit mir über meine Fortschritte bei der Arbeit gesprochen?

12. Habe ich im vergangenen Jahr die Möglichkeit gehabt, bei der Arbeit zu lernen und zu wachsen?

13. Kann ich im Unternehmen offen meine Meinung sagen?

14. Kann ich von meinem Vorgesetzten als Persönlichkeit lernen?

*Abb. 16: Wie misst man die Qualität des Humankapitals?*
*(in Anlehnung an Buckingham/Coffman, 1999)*

## Zusammenfassung für den eiligen Leser

»Wer die Arbeit liebt, wird nie in seinem Leben arbeiten.«
Konfuzius

*Auf das Wesentliche besinnen* — Auch für Führungskräfte besteht die Möglichkeit, sich aus allem Trubel und der Hektik der Tagesgeschäfte eine Weile in sich selbst zurückzuziehen und sich auf das Wesentliche zu besinnen. Dies gelingt, wenn wir das tun, was *notwendig* ist. Notwendig ist, so Marc Aurel, sein »kleines Handwerk« mit Liebe und Freude und mit Begeisterung auszuüben.

Die Auswahl und Beurteilung der Führungskräfte und Mitarbeiter zählt zu den notwendigen und wichtigsten Aufgaben der Führenden. Die folgenden Aussagen sind dabei essenziell:
- Leben der Führungswerte und Erreichen der vereinbarten Ziele sind die Beurteilungskriterien für Führungskräfte und Mitarbeiter.
- Der Grad an Vitalität eines Mitarbeiters lässt sich – innerhalb bestimmter Grenzen – messen.
- Führende tragen Begeisterung in das Unternehmen hinein. Nichts Großes in der Welt ist ohne Begeisterung vollbracht worden.
- Unternehmer und Führungskräfte verkörpern, bewusst oder unbewusst, eine Gemeinschaft und somit die Werte, die auch die Werte der Mitarbeiter sind.

## Und was sagt Nasreddin?

Ein berühmter Vortragender kommt in das Dorf, in dem Nasreddin als Hirte lebt. Nasreddin ist an diesem Abend der einzige Zuhörer. Der Vortragende fragt Nasreddin: »Soll ich meinen Vortrag halten?« Nasreddin antwortet: »Ich bin ein einfacher Hirte. Wenn in meinem Stall alle meine Schafe außer einem weggelaufen sind, werde ich es trotzdem füttern.« Der Vortragende freut sich über diese Antwort und hält eine Rede, die über eine Stunde dauert. Am Ende fragt er, wie ihm die Rede gefallen hat. Nasreddin antwortet: »Ich habe gesagt, dass ich ein einfacher Hirte bin. Ich würde auch das einzige Schaf im Stall füttern, wenn alle anderen weggelaufen sind. Ich würde ihm jedoch nicht das ganze Futter geben, das ich für alle vorbereitet habe.«[155]

*Eine Moral von der Geschichte*

Führende haben einen Sinn für Proportionen. Über das Ziel hinauszuschießen ist genauso schlecht wie das Ziel zu verfehlen.

# V    Was bleibt zu tun?

Jeder kann Leadership erlernen und strategisch denken

»Wenn du eine Rolle übernimmst, der du nicht gewachsen bist, so machst du dir damit nicht bloß Unehre, sondern du vernachlässigst auch eine andere, die du ehrenvoll ausüben konntest.«
Epiktet

**Unternehmertum nicht lehrbar** Lassen sich Leadership oder Unternehmertum lehren und erlernen? Der US-amerikanische Ökonomieprofessor William Baumol hat einmal gemeint, wenn Unternehmertum gelehrt werden könne, dann sei es kein Unternehmertum. Er meinte damit, dass das, was gelehrt werden kann, Kennzeichen der Routine aufweist und somit nicht mehr unter das Etikett »Unternehmertum« fällt.

Wie die Klosterschulen im Mittelalter nie Heilige, sondern routinierte Mönche und Nonnen hervorgebracht haben (abgesehen von den hervorragenden Künstlern, Übersetzern und Schriftstellern z.B. in den Klosterschulen von Fulda, der Reichenau und St. Gallen), so sind auch aus unseren Schulen für den Führungsnachwuchs kaum Unternehmer und oberste Führungskräfte hervorgegangen.

Von der Schule ist nur zu erwarten, dass sie angehenden Unternehmern und Führungskräften Mittel und Wege zu ihrer Selbstentwicklung und strategischen Selbsterziehung bietet. Die Unterschiede zwischen gelehrter Theorie und erlebter Unternehmerpraxis sind später dann eher aus der Einstellung und dem Sein und weniger aus dem Können, eher aus dem Charakter und dem Wesenskern des Einzelnen als aus dem Wissen zu bewältigen. Es ist deshalb so gut wie unmöglich, einen abstrakten Lehrplan zu entwickeln, der etwas so Subjektives und Persönliches, wie es Leadership und strategisches Denken sind, ausbilden könnte.

Jeder kann innerhalb der Grenzen seiner Anlagen die Grundlagen von Leadership erlernen – wenn er Freude und aufrichtiges Interesse am Umgang mit Menschen hat. Jeder kann sein Wissen und sein Führungsverhalten verbessern und sein eigener Unternehmer sein. Zur Leitung eines Unternehmens oder eines Unternehmensteils bedarf es jedoch anderer Fähigkeiten als zur Führung von sich selbst. Nicht jeder kann sich zum Unternehmer oder zum Leiter eines wichtigen Unternehmensteils heranbilden. Jeder kann sich jedoch selbst führen und so auf eine höhere Stufe von Leadership und strategischem Denken kommen.

Wer *Selbstführung*[156] versucht hat, dem wird klar, dass er es grundsätzlich nicht nötig hat, sich von anderen führen zu lassen. Er erkennt, dass er bisher nur andere die Rolle spielen lässt, die er ebenso gut selbst spielen könnte. In jedem von uns lebt ein Führender und ein Geführter. Jeder beherrscht irgendwelche Teile seiner Persönlichkeit. So kann jeder sein eigener Führer sein oder werden.

*Jeder ist ein Führender und Geführter*

Zur Erlangung der Meisterschaft in jeder Disziplin, sagt Sokrates, sind drei Dinge notwendig: Talente, Wissen und Erfahrung. Dies gilt auch für Leadership und Strategie. Ein Buch kann nur Wissen vermitteln und Einstellungen vorschlagen. Jeder, der strategisch denken und andere führen will, muss auf seine Talente aufmerksam machen und auf seine Erfahrungen hinweisen.

Leadership ist, wie wir gesehen haben, ein Lebensstil oder eine Lebensform und somit eine Einstellung. Einstellungen lassen sich ändern – wenn wir es wollen. Albert Schweitzer drückt dies so aus: »Die größte Entscheidung deines Lebens liegt darin, dass du dein Leben ändern kannst, indem du deine Geisteshaltung änderst.«

*Leadership ist Wissen plus Verhalten plus positiver Zweck*

Leadership lässt sich innerhalb bestimmter Grenzen erlernen, wenn es als *Verhaltensweise oder Fähigkeit* und nicht als Summe von Eigenschaften wie beispielsweise Entschlossenheit, Integrität oder Offenheit definiert wird.[157] Spezifische Fähigkeiten oder Verhaltensweisen wie z.B. Informieren oder Kommunizieren sind erlernbar (Abb. 17).

| Leadership heißt: | Erlernbare Fähigkeiten/Verhaltensweisen |
|---|---|
| Visionär sein: | • das Finden und Beschreiben einer unternehmerischen Vision oder des Kernauftrags<br>• Kommunikation der Vision/des Kernauftrags |
| Vorbild sein/Mut beweisen: | • Sich um das Well-being der Mitarbeiter sorgen und dieses in den strategischen Plänen berücksichtigen<br>• Kernwerte des Unternehmens definieren und vorleben sowie im Leitbild dem Verständnis aller Mitarbeiter nahe bringen<br>• Persönliche Glaubwürdigkeit aufbauen durch:<br>- Verantwortung übernehmen für die eigenen Handlungen und die des Teams<br>- Mitgefühl zeigen<br>- Talente fördern<br>- Glaubwürdige Präsentationen<br>- Initiativen, die über den unmittelbaren Verantwortungsbereich hinausgehen und im Interesse des Ganzen sind<br>- Mut, d.h. Standhaftigkeit unter äußerem Druck |
| Werte schaffen und die Richtung einhalten: | Für die Mitarbeiter durch:<br>• Unterstützung individueller und kollektiver Bemühungen<br>• Offene Information und Kommunikation<br>• Rasche Entscheidungen<br><br>Für die Kunden durch:<br>• Erfassung der kritischen Erfolgsfaktoren der Kunden<br>• Ermittlung und Antizipierung spezifischer Kundenbedürfnisse<br><br>Für die Anteilseigner durch:<br>• Verstehen der und Operieren mit den Faktoren, die die Wertsteigerung des Unternehmens bestimmen<br><br>Für die Lieferanten und Partner in strategischen Netzwerken durch:<br>• offene Kommunikation<br>• gegenseitige Hilfeleistungen<br>• Schaffen von Win/Win Situationen<br><br>Für die Gesellschaft durch:<br>• umweltschonende Prozesse<br>• offene Kommunikation |

Abb. 17: Die Verbindung von unternehmerischem Verhalten/Leadership und erlernbaren Fähigkeiten (in Anlehnung an Bergmann/Hurson/Russ-Eft, 1999)

Diese Verbindung zwischen unternehmerischem Verhalten, erlernbaren Fähigkeiten und Wissen kann durch Arbeit an sich selbst, unterstützt durch spezifische Aus- und Weiterbildungsprogramme, hergestellt werden. Die Verbindung ist Leadership.

*Einstellungen lassen sich ändern*

Jeder kann Leadership lernen so wie jeder Klavierspielen lernen kann, wenn er musikalisch ist.[158] Eines ist dabei essenziell: Seminare und Bücher über Leadership erfüllen zwar eine nützliche Funktion, da sie die Bedeutung von Leadership in das Bewusstsein der Teilnehmer oder Leser heben. Aber was immer auch behandelt wird, in Wirklichkeit bleibt viel Raum für Intuition, für Offenheit, für Arbeit an sich selbst und für das Erschließen neuer Möglichkeiten, die weit jenseits jeder Systematisierung liegen. Entscheidend ist das *learning by doing*, also jenes Erfahrungslernen, das Führende ihren Mitarbeitern durch ihr Vorbild, durch das Einräumen von Handlungsspielraum und durch die Kommunikation ihrer Erfahrungen im positiven wie negativen Sinn angedeihen lassen.

Learning by doing

Leadership gedeiht in den Gesellschaften und Unternehmen, in denen potenzielle Unternehmer sicher sind, dass die erwarteten Früchte der Möglichkeiten, die sie vor den anderen sehen und erschließen, auch von ihnen geerntet werden können.[159] Die Strategie hat mit der Wirtschaft die rationale Korrelation von *Zielen* und *Mitteln* gemeinsam. Rational bedeutet hier, mit gegebenem Ressourceneinsatz ein maximales Ziel oder mit einem minimalen Ressourceneinsatz ein bestimmtes Ziel zu erreichen. In diesem Sinn ist jeder ein Stratege, der sich in seinen Vorstellungen, Zielen und Handlungen bemüht, die Vernunft anzusprechen und die Herzen seiner Mitarbeiter zu gewinnen, um gemeinsame Ziele auf ökonomische Weise zu erreichen.

*Strategisches Denken* beruht auf einer detaillierten Analyse von Alternativen, Meinungen, Problemen oder Möglichkeiten. Strategisches Denken vereinfacht. Strategisches Denken konzentriert sich auf die Suche nach einer klaren und einfachen Lösung. Strategisches Denken erkennt man an seiner Einfachheit.

Nur das, was einfach ist, funktioniert

Dies gelingt, wenn man das Ziel klar vor Augen hat, Informationen einholt und dann seinem eigenen Denken und seiner eigenen Intuition vertraut. Wenn wir unserem Geist freien Lauf lassen, tendiert er in der Regel spontan dazu, die einfachste Lösung zu finden.[160] An der Lösung muss weitergearbeitet werden, sie muss auf Schwachstellen und Fehler geprüft werden, bevor sie umgesetzt wird. Dafür gibt es viele Methoden und Instrumente. Strategisches Denken besteht nicht nur

aus Intelligenz und Intuition, aus Vernunft und Emotion, sondern verlangt auch härteste Arbeit sowie praktische und ethische Einstellungen. Jeder kann
- sich mit positiv denkenden und handelnden Menschen umgeben,
- Gewohntes und auch sich selbst in Frage stellen,
- Distanz zu sich selbst, zu den Produkten und Dienstleistungen des Unternehmens halten,
- Szenarien entwickeln und sich aktiv auf verschiedene Entwicklungen einstellen,
- sich mit strategischem Denken beschäftigen,
- aus Fehlern lernen und Niederlagen annehmen und
- den Dingen auf den Grund gehen.

**Kommunizieren und Argumentieren** Zu Leadership wie auch zur Strategie gehören die *Beherrschung der Sprache* und des Argumentierens. Wer gemeinsam mit anderen Menschen innerhalb und außerhalb des Unternehmens etwas bewegen will, muss kommunizieren können. Er muss beobachten, mit anderen in Verbindung stehen, sie einbinden, an ihre Sensibilität, ihre Werte und ihre Emotionen appellieren, seine Energie und seine Sicht der Dinge auf die anderen übertragen, bis sie sich sein Problem und seine Möglichkeiten zu den eigenen machen. Er muss ihnen aber auch helfen, ihren eigenen, oft partiellen Standpunkt im Interesse einer gemeinsamen, größeren Sache zu überwinden. Dies gelingt nur, wenn eine gemeinsame Sicht der Wirklichkeit erarbeitet und der Sinn einer bestimmten Entwicklung und Zielrichtung des Unternehmens begründet vermittelt werden. Argumentation, Überzeugung, Glaubwürdigkeit, Geduld, Professionalität und Hartnäckigkeit sind notwendig. Als Führender hat nur der auf Dauer Erfolg, der das Selbstvertrauen der anderen fördert und ihnen hilft, sich selbst im eigenen wie im Interesse des Ganzen zu helfen und weiter zu entwickeln.

**Gemeinsame Sicht der Wirklichkeit** Talent, Wissen und Erfahrung sind für Leadership und Strategie notwendig. Jeder, der strategisch denkt und andere führen will, braucht gewisse Anlagen und muss auf seine Talente aufmerksam machen und auf seine Erfahrungen hinweisen.

## Das eigene Lebensmodell bestimmen

»Strebe nur nach einer Sache und versuche mit deinem ganzen Wollen: Dir selbst schön zu sein in allem, was du tust.«
Marc Aurel

Wir haben zu Beginn des Buches festgestellt, dass Leadership eine bewusste, existenzielle Entscheidung für einen gewissen Lebensstil ist. Hinter dieser Entscheidung steht eine Theorie oder Weltanschauung, die das unternehmerische Denken und Handeln begründet. Diese Theorie oder Weltanschauung bestimmt das, was der Führende will, warum und wozu er es will und welchen Sinn er damit seiner unternehmerischen Tätigkeit verleiht.

Um die eigenen Leadership-Qualitäten auszubauen, ist es aber auch wichtig zu wissen, welche Lebensmodelle es überhaupt gibt. Wie jeder das für ihn passende Lebensmodell bestimmen und ein glückliches, gutes, schönes und erfülltes Leben führen kann. Diese Frage kann nur subjektiv beantwortet werden. Die Reflexion über die verschiedenen Lebensmodelle kann die Antwort aber erleichtern und vielleicht dazu beitragen, dass jeder sein Leben bewusster lebt und auch den anderen besser versteht. Schlanger unterscheidet fünf Lebensmodelle[161]:
1. das Genussmodell,
2. das Selbstverwirklichungsmodell,
3. das Pflichtmodell,
4. das Harmoniemodell, das aktiv und passiv sein kann und
5. das Mischmodell.

*Die Lebensmodelle*

Abbildung 18 veranschaulicht kurz die einzelnen Modelle. Kein Modell ist besser als ein anderes. Jeder kann ein glückliches, gutes und schönes Leben nach dem von ihm bevorzugten und in ihm dominierenden Modell führen.

Wie erkennt man, ob ein Leben glücklich, gut und schön ist? Der folgende Test enthält eine Reihe von Kriterien, mit denen sich diese Frage beantworten lässt (Abb. 19).[162] Jeder kann der Gestalter seines Lebens sein und aus seinem Leben ein glückliches, gutes und schönes Leben machen.

*Kriterien für ein glückliches, gutes und schönes Lebens*

Abb. 18: Die Lebensmodelle (in Anlehnung an Schlanger, 2000)

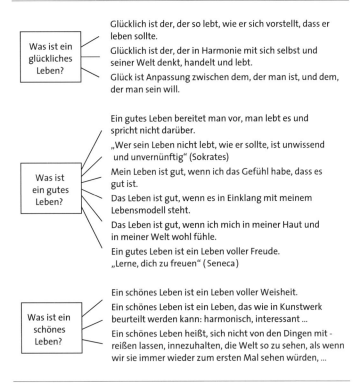

Abb. 19: Kriterien für ein glückliches, gutes und schönes Leben?
(in Anlehnung an Schlanger, 2000)

Diese Lebensmodelle gehen auf die stoische Ethik zurück. Die **Kultur der Disziplin**
stoische Ethik ist eine Kultur der Disziplin:
- disziplinierte Vorstellungen,
- diszipliniertes Streben,
- diszipliniertes Handeln.

Die stoische Ethik der Disziplin hat noch heute einen großen praktischen und erzieherischen Wert. Disziplin, verbunden mit Kreativität, ist eine der Grundvoraussetzungen für den unternehmerischen Erfolg.[163]

### Eine Leadership Company entwickeln

»Worte belehren, Beispiele reißen mit. Über die Theorie ist der Weg lang, über Beispiele dagegen kurz und wirksam.«

Seneca

Die Beschleunigung des Technologietransfers, das Zusammenwachsen ganzer Regionen zu gemeinsamen Märkten, die demographische Verschiebung zwischen den alten Industrie- und den jungen Schwellenländern, die großen Kostenunterschiede, mit anderen Worten, die Auswirkungen der Globalisierung, verlangen ein neues Modell von Unternehmen: die Leadership Company. Weltweit vermarktbare Produkte und Dienstleistungen, Flexibilität, Outsourcing bestimmter Unternehmensteile, Anpassungsfähigkeit an Umweltveränderungen sowie die Fähigkeit und Bereitschaft, Strategien, Ziele und Methoden immer wieder neu zu definieren: Diese Qualitäten kennzeichnen in unserer Zeit erfolgreiche Unternehmen. Die Informationstechnologien begünstigen netzwerkartige Strukturen und Prozesse. Diese neue organisatorische Form und Gestaltung gilt für Unternehmen genauso wie für Non-Profit-Einrichtungen.

*Leadership Company*

Die Leadership Company ist ein Unternehmen, dessen Kern- **Leadership als**
kompetenz die Entwicklung der Leadership-Fähigkeiten der **Kernkompetenz**
Führungskräfte und Mitarbeiter auf allen Verantwortungsebenen ist. Die Leadership Company fördert und entwickelt ein Netzwerk von Führenden. Das unternehmerische Denken

und Handeln der Mitarbeiter in allen Verantwortungsbereichen führt die Leadership Company in die Zukunft: Dies ist für die langfristige und nachhaltige Wertsteigerung des Unternehmens um so wichtiger, je unplanbarer die Zukunft ist, je schneller sich die Dinge ändern und je komplexer sie werden.

Wie aber wird ein Unternehmen eine Leadership Company? Die Unternehmen, die sich in diese Richtung entwickeln – General Electric, Royal/Dutch Shell oder Nestlè sind Beispiele dafür – gehen nach einem Zwei-Stufen-Verfahren vor[164]:
1. Förderung der Leadership-Kompetenz auf allen Verantwortungsebenen, und zwar durch gezielte Aus- und Weiterbildungsprogramme: Der Mehrwert von Leadership im Vergleich zum Management wird dadurch in das Bewusstsein aller Unternehmensmitglieder gehoben.

*Jeder Führende ist Erzieher*
2. Jeder Mitarbeiter mit Führungsverantwortung hat die Pflicht, als Erzieher[165] in Sachen Leadership aktiv tätig zu werden. Dies gelingt, wenn er jedes Meeting, jede Begegnung mit Mitarbeitern benutzt, »vermittelbare Standpunkte« (*teachable points of view*)[166] weiterzugeben. »Vermittelbare Standpunkte« sind beispielsweise:
- persönliche Erfahrungen im Erschließen neuer Möglichkeiten oder im kreativen Lösen von Problemen,
- gelebte und vorgelebte Werte, die sich zur Nachahmung eignen,
- Erlebnisse mit Kunden und mit Mitarbeitern, die stolz auf die Produkte und Dienstleistungen des Unternehmens sind,
- Erfolge im innovativen Umgang mit Strategic Issues oder auch
- Vorgänge, die Zivilcourage, Loyalität, gesunde Überlegung, Wendigkeit und Tatendrang erforderten.

Gute Führende, meint der Direktor des Programms »Global Leadership« und Buchautor Noel Tichy, sind große Geschichtenerzähler. Wenn wir gute Beispiele vorstellen, werden wir Nachahmer finden.

*Anregungen geben* In der Leadership Company regen Führende ihre Mitarbeiter mit Hilfe von klar kommunizierten, häufig wiederholten und plausiblen Verhaltensweisen dazu an,

- neue Möglichkeiten zu erschließen und Probleme kreativ zu lösen sowie die entsprechenden Konzepte zu entwickeln und umzusetzen,
- die Werte vorzuleben, die eine erfolgreiche Umsetzung dieser Konzepte unterstützen,
- positives Denken und Handeln sowie Begeisterung und Lebensfreude auf die Mitarbeiter auszustrahlen,
- harte Entscheidungen in Situationen zu treffen, wo ein Konsens nicht möglich ist und
- den Zufall in ihre Entscheidungen miteinzubeziehen, um dadurch den unternehmerischen Handlungsspielraum zu erweitern.

In der Leadership Company wird die Erziehung zu strategischer Einsicht, zu strategischem Denken und Verantwortungsgefühl, zu kritischer Urteilsfähigkeit, zum Sinn für das Wesentliche, für Perspektiven und Proportionen der entscheidende und nicht oder nur sehr schwer zu imitierende Wettbewerbsvorteil. Die »vermittelbaren Standpunkte« zeigen, *wie* das Unternehmen die Kunden gleichsam zu Botschaftern macht und gleichzeitig Werte für alle anderen Key-Stakeholder schafft. Führungsarbeit ist Erziehungsarbeit. Wer Führungsarbeit als Erziehungsarbeit versteht, wird schnell zu der Überzeugung kommen, dass gestellte Aufgaben auch in der gewünschten Richtung erfüllt werden – auch wenn das Ergebnis unter Umständen nicht ganz das trifft, was der Führende sich unter der Aufgabenstellung vorgestellt hat.

Leadership als Wettbewerbsvorteil

Der Satz Senecas, dass der Weg des Lernens über Vorschriften und Regeln lang, der über Beispiele dagegen kurz und wirksam ist, ist heute genauso wahr wie vor knapp zweitausend Jahren.

An dieser Stelle Beispiele auf drei Ebenen[167]:
1. auf der Ebene des *pragmatischen Beispiels*: Danken, höflich und pünktlich sein, Heiterkeit und Begeisterung ausstrahlen, sich präzise ausdrücken, auf Dinge am Arbeitsplatz Acht geben und dgl. mehr;
2. auf der *Ebene der Professionalität*: Die Führungskraft nimmt ein Verhalten ein, das übereinstimmt mit einem bewusst gewählten, aktiven, positiven Lebensstil: Dies

Die Ebenen des Beispielgebens

zeichnet sich aus durch offene und ehrliche Kommunikation, Fehlertoleranz, Vertrauen, Verantwortungsfreudigkeit und Initiative. Diese Art des Beispielgebens ist die Grundlage der Unternehmenskultur und beeinflusst die Persönlichkeit der Unternehmensmitglieder;
3. auf der *Ebene des Seins oder Verhaltens*: Übereinstimmung von Worten mit Entscheidungen und Handlungen, Respekt vor dem anderen, Respekt vor den Leistungen der Vorgänger, Hochachtung vor dem Können der anderen, ethisches Verhalten, Mut, Wohlwollen und andere klassische Tugenden. Wer auf der Ebene des Seins »vermittelbare Standpunkte« weitergibt, wirkt auf die Verhaltensweisen der Mitarbeiter ein und wird ein Modell ethischen und spirituellen Lebens. »Wer von uns Personen kennen gelernt hat, die diese Art von Beispiel praktizieren, wird sie niemals vergessen.«[168]

**Wer gezielt Fragen stellt, der führt**

»Lernen-lernen« ist nicht an bestimmte Inhalte gebunden, wohl aber an diszipliniertes Fragen, Argumentieren und Urteilen. Wer gezielt Fragen stellen kann, der führt. Denn er weiß um sein Nichtwissen. Führende, die ihr eigenes Nichtwissen bzw. die Unfähigkeit akzeptieren, für alle Probleme oder Möglichkeiten eine Antwort bereit zu haben und dies auch zugeben, laden die Mitarbeiter zur geistigen Zusammenarbeit ein. In einer komplexen und turbulenten Welt gibt es nicht eine einzige Quelle der Wahrheit.

**Mitarbeiter zur geistigen Zusammenarbeit einladen**

Ein Unternehmer stellt seinen Mitarbeitern beispielsweise die Frage: »Wenn Sie an meiner Stelle wären, wie würden Sie das Unternehmen führen?« Er nutzt die Antwort, um eine Vielfalt von Perspektiven zu gewinnen. Auf diese Weise entsteht ein ständiges Geben und Nehmen. Ein solcher Gedankenaustausch erfordert Offenheit auf beiden Seiten. Sie kommt allen Beteiligten in Form von Vertrauen und Selbstsicherheit zu Gute.

Führungskräfte einer Leadership Company lassen den Dingen häufig ihren Lauf, um feststellen zu können, ob die eingeräumte Selbstständigkeit und der zugestandene Handlungsspielraum von den Mitarbeitern zur Realisierung des Kernauftrags oder zur Annäherung an die Vision und nicht zur Willkür oder im persönlichen Interesse missbraucht werden.

In der Leadership Company werden Führende an der Anzahl der Mitarbeiter gemessen, die sie zu Führenden entwickelt haben. Die lernende Organisation ist eine notwendige, jedoch keine hinreichende Bedingung für eine Leadership Company. Die hinreichende Bedingung ist, eine lehrende Organisation zu schaffen, in der jeder, auf welcher Verantwortungsebene auch immer, anderen durch sein Vorbild zeigt, wie die Kunden noch erfolgreicher und wettbewerbsfähiger gemacht, wie die Konkurrenten distanziert und Werte für alle Key-Stakeholder geschaffen werden können. Die Leadership Company ist, um mit Tichy zu sprechen, eine lehrende Organisation: Je mehr ein Unternehmen zu einer hohen Schule von Leadership wird, desto langfristiger und nachhaltiger wird sein Erfolg gesichert sein.

*Vorgesetzte werden an der Anzahl der Mitarbeiter gemessen, die sie zu Führenden entwickelt haben*

Von Jack Welch wird beispielsweise berichtet, dass er mehr als ein Drittel seiner Zeit dafür aufgewendet hat, um seinen Mitarbeitern »vermittelbare Standpunkte« nahe zu bringen. Diese Erziehungsarbeit hat er neben seinen sonstigen, nicht-delegierbaren Führungsaufgaben bewältigt. Ein Beispiel dafür sind die jährlichen Geschäftsberichte von General Electric, die er selbst verfasst hat. In diesen begründet er seine persönliche Sicht der kontinuierlichen Veränderung, das Vorleben der Führungswerte, die Wichtigkeit herausfordernder Ziele, Selbstvertrauen – Themenbereiche, die er den Mitarbeitern nahe bringen will, um General Electric in die Einzigartigkeit zu führen[169].

*Die Erziehungsarbeit ist zeitaufwändig*

Ein anderes Beispiel für eine Leadership Company ist Infosys, Indiens bekanntestes Software-Service-Unternehmen. Der Gründer und Vorstandsvorsitzende, N. R. Narayana Murthy, lebt die Führungswerte - Fairness, Kundenbegeisterung und Einzigartigkeit – und nutzt jede Gelegenheit, seine Mitarbeitern Leadership zu lehren, ja er sieht dies als seine Hauptführungsverantwortung.

Es sind im Grunde sechs Vorgehensweisen, mit denen eine Leadership Company aufgebaut werden kann[170]:
1. *Vereinbarung von herausfordernden Zielen* durch »vermittelbare Standpunkte«, die die Mitarbeiter anregen, mehr zu leisten und ihr Potenzial noch besser auszuschöpfen als sie selbst es für möglich halten. Herausfordernde Ziele sind die Grundlage für Innovationen und Experimente sowie für

*Konstruktive Rahmenbedingungen*

*Herausfordernde Ziele*

radikale unternehmerische Veränderungsprozesse. Sie sind auch die Voraussetzung für die persönliche Weiterentwicklung der Mitarbeiter. Die Vereinbarung von herausfordernden Zielen ist ein schwieriger Balanceakt zwischen Konsens und Konflikt: Ein Konsens ist in vielen Fällen gleichbedeutend mit Mittelmäßigkeit. Kommunikation, Überzeugungskraft, Begeisterung und Entschlossenheit sind notwendig, wenn der unternehmerische Schwung in der Unternehmung aufrechterhalten werden soll.[171]

Empowering
2. *Empowering* – das bedeutet, die Mitarbeiter zu inspirieren und in die Lage zu versetzen, ihr Bestes zu geben und Verantwortung im Interesse des Unternehmens zu übernehmen. »Ermächtigung« heißt auch, Mitarbeiter zu entwickeln sowie zu ihrem persönlichen und beruflichen Wachstum beizutragen. Die Voraussetzung für *Empowering* ist Großzügigkeit, d.h. die Bereitschaft der Führenden, ihre Zeit und ihr Wissen den Mitarbeitern zur Verfügung zu stellen. Persönlich müssen sie sich immer im Stande fühlen, nötigenfalls für den erforderlichen Ausgleich zu sorgen, begangene Fehler wiedergutzumachen und Abhilfe zu schaffen, je nachdem, ob die Wettbewerbssituation Geplantes unausführbar macht oder neue Möglichkeiten eröffnet.

Mentoring
3. *Mentoring* heißt Ehrfurcht vor dem anderen zu haben, indem man aktiv zuhört und dem Mitarbeiter hilft, schwierige Situationen zu bewältigen. *Mentoring* bedeutet auch, Beispiele zu bringen, wie Teams integriert und lernfähig erhalten werden können.[172]

Offenheit
4. *Offenheit* heißt, die Mitarbeiter einzubinden in die Entwicklung von Szenarien, die Begeisterung, Optimismus und Zusammengehörigkeit wecken. Dazu muss die unternehmerische Vision dem Verständnis der Mitarbeiter nahe gebracht werden. Die Leadership Company braucht eine ehrliche, transparente, glaubwürdige und kontinuierliche Kommunikation, in die alle Mitarbeiter eingebunden sind. Dazu muss eine Wissensbasis aufgebaut werden, die allen Unternehmensmitgliedern zur Verfügung steht.

Präsenz
5. *Präsenz*. Nicht zu oft, aber doch oft genug bei den Führungskräften und Mitarbeitern *präsent zu sein*, um stets über alles genau unterrichtet zu sein und, wenn notwendig, helfend eingreifen zu können: Leadership heißt aktiv zuhören und Anregungen geben.

6. *Humor.* Die Mitarbeiter empfinden Leadership umso dankbarer und erfrischender, je öfter die Führenden ein freundliches Gesicht und ein freundliches Wort für sie haben und jede Neigung zur Heiterkeit und Fröhlichkeit begünstigen. Mit dem Humor hängt nämlich eine wichtige Gabe zusammen – die der *Begeisterung*.

Humor

Zum Beispielgeben gibt es nur einen Weg: den des *persönlichen Umgangs* mit den Mitarbeitern, den Kunden und anderen, die für das Unternehmen wichtig sind. Jede Führungskraft stößt – wie jeder Mensch – irgendwann an Grenzen. Niemand kann von seinem Standpunkt aus alle Probleme lösen oder alle Möglichkeiten erkennen. Wer jedoch ein Lernender und gleichzeitig auch ein Erzieher ist, der wächst über seine gegenwärtigen Fähigkeiten hinaus. Denn jeder Fehler und jede Enttäuschung können im Unternehmen neue Fähigkeiten erschließen, vorausgesetzt, dass man selbst und auch die Mitarbeiter aus den Fehlern lernen. Lernen und Erziehen erhöhen deshalb die Leistungsfähigkeit des Unternehmens in der Zukunft und bewirken, dass neue Möglichkeiten entdeckt, Probleme kreativ gelöst und schlecht kalkulierte Risiken rechtzeitig abgewendet werden.

Beispiel geben durch persönlichen Umgang mit den Mitarbeitern

Fehler sind Lehren

Ein unternehmerisches Leben, das auf ständigem Lernen und Erziehen beruht, ist nicht nur schöpferisch und vital, es ist auch voller Freude. Die Entwicklung in Richtung Leadership Company ist in Abbildung 20 veranschaulicht[173]. Sie ist offen, vernetzt, auf ein oder mehrere Kerngeschäfte fokussiert, unternehmerisch und in vielen Bereichen auch virtuell.[174]

Die Leadership Company ist als wissensbasiertes Netzwerk aufgebaut, sie besteht »aus einer Vielzahl lose gekoppelter Organisationseinheiten mit dezentraler Entscheidungskompetenz und Ergebnisverantwortung (Kompetenzzentren)«.[175] Die Leadership Company übernimmt im Netzwerk mit anderen Unternehmen dann eine bestimmende Rolle, wenn es den Führungskräften der Leadership Company gelingt, zweckmäßige Lösungen für den eigenen Konzern mit Lösungen zu verbinden, die auch im Interesse der Partner im Netzwerk sind. Dazu muss das Unternehmen über ein Netzwerk von Führungskräften verfügen, die

Die Leadership Company ist ein wissensbasiertes Netzwerk

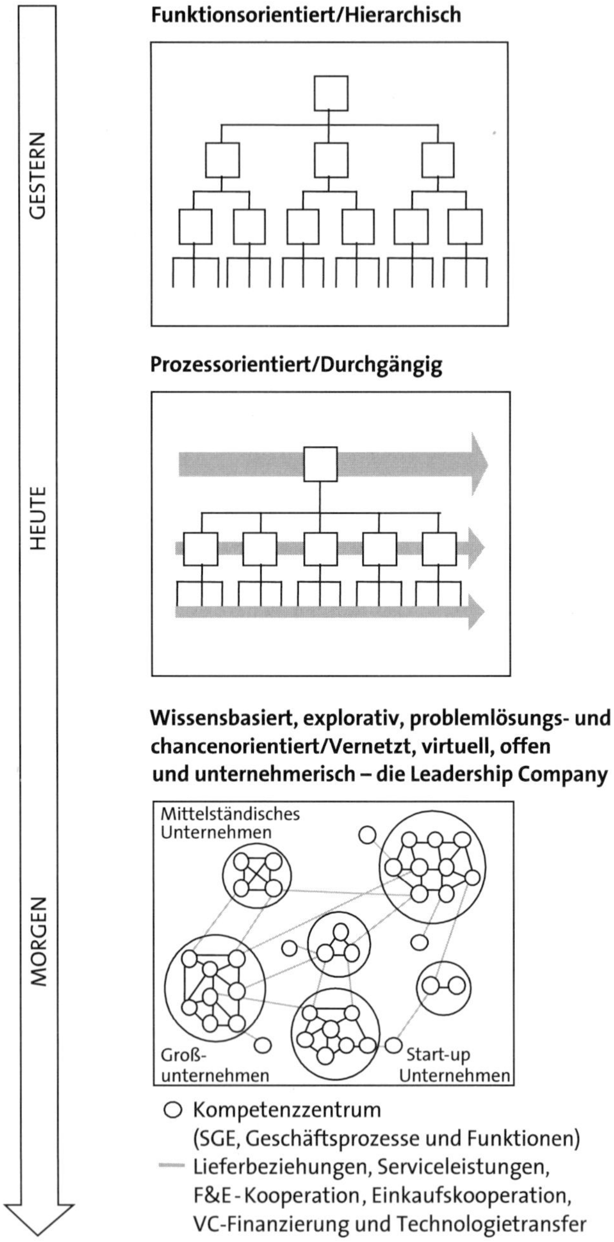

**GESTERN**

**Funktionsorientiert/Hierarchisch**

**HEUTE**

**Prozessorientiert/Durchgängig**

**MORGEN**

**Wissensbasiert, explorativ, problemlösungs- und chancenorientiert/Vernetzt, virtuell, offen und unternehmerisch – die Leadership Company**

Mittelständisches Unternehmen

Groß- unternehmen

Start-up Unternehmen

○ Kompetenzzentrum
  (SGE, Geschäftsprozesse und Funktionen)
— Lieferbeziehungen, Serviceleistungen,
  F&E - Kooperation, Einkaufskooperation,
  VC-Finanzierung und Technologietransfer

*Abb. 20: Die Entwicklungslinien der Organisationsformen (modifiziert nach Mirow, 2002)*

- neue Möglichkeiten entdecken, Strategien entwickeln und dem Verständnis der Netzwerkpartner nahe bringen können, die, wie Nasreddin sagt, das Nützliche für die anderen mit dem Angenehmen für ihr Unternehmen in Einklang bringen;
- interne und externe Ressourcen und dynamische Fähigkeiten bündeln und auf gemeinsame Ziele ausrichten;
- Ressourcen und dynamische Fähigkeiten, aber auch Kompetenznetzwerke laufend überprüfen und auflösen, wenn sie keinen Beitrag zur Kundenbindung und Kundenentwicklung leisten;
- neue Ressourcen und dynamische Fähigkeiten entwickeln, um damit neue Pionierphasen im Interesse aller Netzwerkpartner einzuleiten;
- zur Erweiterung der internen und externen Wissensbasis des Netzwerkes beitragen, indem Ressourcen und dynamische Fähigkeiten den Netzwerkpartnern zur Verfügung gestellt werden und die
- Ziele vereinbaren sowie Handlungsspielräume und Disziplin der Netzwerkpartner den sich ändernden Wettbewerbsverhältnissen und Kundenbedürfnissen anpassen.

»So führt der Wechsel zwischen Neukombination von Kernkompetenzen und Auflösung von Gebilden, die ihren Zweck erfüllt oder sich als unproduktiv herausgestellt haben, zu einer Gleichzeitigkeit von Flexibilität und Stabilität im Unternehmen. Joseph Alois Schumpeters Idee der Entstehung von neuem durch schöpferische Zerstörung wird damit Wirklichkeit«.[176]

*An Aufgaben arbeiten, auf die alle stolz sind*

Im Ergebnis heißt das: Die Leadership Company lebt und entwickelt sich nach Maßgabe der Leadership-Fähigkeiten der Führungskräfte und Mitarbeiter auf allen Verantwortungsebenen und wie der Führende und sein Team mit diesen umgeht. Je größer deren Handlungsspielraum ist und je besser und schneller die Führenden neue Möglichkeiten entdecken und im Interesse der internen und externen Netzwerkpartner nutzen oder nutzen lassen, desto dauerhafter und stärker sind die Führungsrolle und *performance* der Leadership Company im Netzwerk.

Die Leadership Company lebt von Werten, Normen und Zielen, die von oben nach unten vorgelebt werden, die eine wünschenswerte Richtung angeben, Handlungsspielraum schaffen und Sinn geben. Führende sind dann ein zuverlässiger Bezugspunkt, wenn sie bescheiden sind und mit »vermittelbaren Standpunkten« und Beispielen Anregungen bieten, Sicherheit geben und Zeit für persönliche Gespräche aufbringen. Die Leadership Company ist, zusammengefasst, keine Gesamtheit von Vorschriften, Regeln, Prozessen oder Technologien, sondern eine Gemeinschaft von Menschen, die durch gemeinsame Werte verbunden an gemeinsamen Projekten arbeiten, die in ständiger Evolution sind und auf die alle stolz sind. Ihr Wesen besteht in der Einstellung zu aktivem und innovativem Lernen und Lehren, in der Förderung von Innovationen und Talenten sowie im Erschließen neuer, wertsteigernder Möglichkeiten im Rahmen symbiotischer interner und externer Netzwerke.

*Das verfügbare Leadership-Kapital nutzen*

Im Wettbewerb unserer Zeit werden sich die Unternehmen durchsetzen, die besser als ihre Konkurrenten die Leadership-Fähigkeiten ihrer Führungskräfte und Mitarbeiter erkennen, entwickeln und nutzen, um neue Möglichkeiten zu erschließen oder schlecht kalkulierte Risiken abzuwenden.

## Die Welt etwas besser zurücklassen, als wir sie vorgefunden haben

> »Das einzig Wichtige im Leben sind die Spuren von Liebe, die wir hinterlassen, wenn wir gehen.«
> Albert Schweitzer

*Offen und neugierig für das Leben sein*

Heute kann niemand auf die Tatsache bauen, eine Sache gut gemacht zu haben und sie auch in Zukunft so wie bisher zu machen. Diese Einstellung führt zum Misserfolg. Führende müssen immer offen und neugierig für das Leben sein sowie streben, auf eine neue Art das zu tun, was sie auch in der Vergangenheit getan haben: neue Möglichkeiten erschließen, Probleme kreativ lösen, über den Dingen stehen, überall die Initiative ergreifen und jedem Ereignis, jeder Forderung gegenüber Leadership zu beweisen. Sie müssen, um mit dem Grafen Keyserling zu sprechen, »auch dort noch aufrecht fortschreiten, wo andere erschöpft niedersinken«. Leadership ist ohne innere Stärke nicht möglich. Nur wer innere Stärke besitzt, überträgt seine Sicherheit auf die anderen und gibt ihnen Ruhe, Vertrauen und Optimismus.

Unternehmerisches Handeln heißt, die Bedürfnisse der Kunden zu antizipieren, den Zeitgeist zu verstehen, *neue Momente* ins Geschehen zu bringen, Wirtschaftlichkeitsrechnungen durch den Umstand zunichte zu machen, dass die Spielregeln selbst verändert und somit die Grundlagen möglicher Berechnungen verschoben werden. Leadership und Strategie können jedem helfen, seinen Mehrwert im praktischen Leben zu erhöhen. Im Grunde braucht es wenig, seine Talente im Leben besser zu nutzen.

*Seine Talente im Leben nutzen*

### Reiches Leben

Unternehmer und Führungskräfte sind niemals am Ziel. Es gibt jedoch etwas, das es über die unternehmerischen Pflichten hinaus noch zu erreichen gilt. Dieses Etwas kann am schönsten mit den Worten R. L. Stevensons umschrieben werden:
»Erfolg im Leben hat der gehabt, der anständig gelebt, oft gelacht und viel geliebt hat; der die Achtung kluger Männer und die Liebe der Kinder gewann, der seinen Platz ausgefüllt und seine Aufgaben bewältigt hat, der die Welt besser zurücklässt, als er sie vorfand, sei es durch eine verbesserte Mohnsorte, ein vollkommenes Gedicht oder eine gerettete Seele; der stets die Schönheit der Natur zu schätzen wusste und das auch zu erkennen gab; der das Beste in anderen sah und selbst sein Bestes gab.«

Die Welt etwas besser zu hinterlassen als wir sie vorgefunden haben, heißt auch, ihr *etwas von dem zurückgeben, was wir von ihr erhalten haben*. Günter Blobel, Nobelpreisträger für Medizin, engagiert sich für Deutschland, weil er der Region, aus der er stammt, etwas zurückgeben will. Er will auch den Menschen seiner Heimat, die weniger Glück im Leben hatten als er, helfen, einen erfolgreichen Weg zu beschreiten.

*Etwas von dem der Welt zurückgeben, was wir von ihr erhalten haben*

Die Beschäftigung mit Leadership und Strategie kann uns nicht nur helfen, die Welt etwas besser zu machen als wir sie vorgefunden haben und ihr etwas von dem zurückgeben, was wir von ihr erhalten haben, sondern uns auch anregen, Heiterkeit und Selbstvertrauen auf unsere Mitmenschen auszustrahlen.

### Zusammenfassung für den eiligen Leser

»Lass nicht ab, an deiner eigenen Statue zu meißeln.«
Plotin

Je gebildeter ein Führender ist, um so bescheidener ist er, denn desto mehr weiß er, dass er eine privilegierte Stellung in der Gesellschaft einnimmt, wie wenig er sich allein verdankt und wie groß die Zahl seiner Unterstützer ist.

Auf die Dauer kommt es nur auf die Führenden an, die ihrer Zeit voraus sind. Es kommt unter Unternehmern und Führungskräften niemals auf die Zurückgebliebenen, sondern auf die Vordersten an. Es sind immer einzelne, auf deren Beispiel und Einfluss die Richtung, in die sich andere fortbewegen, zurückgeht.
- Das Kennzeichen eines Führenden ist, dass er der Arbeit anderer einen Sinn gibt.
- Die Militärstrategie ist eine beständige Quelle von Anregungen für Unternehmer und Führungskräfte. Eine strategische Weisheit lautet: Wenn die Strategie eine Kunst ist, dann eignet sie sich von allen Künsten am wenigsten für Dilettanten.
- Die Kombination aus taktischer Defensive (d.i. kurzfristig Ergebnisse erzielen) und strategischer Offensive (d.i. das Unternehmen langfristig stärker machen) ist das Grundprinzip für den unternehmerischen Erfolg.
- Jeder kann sein eigenes Lebensmodell oder das eines anderen bestimmen. Die Kenntnis des eigenen Lebensmodells ist wichtig, wenn man ein glückliches, gutes und schönes Leben führen will.
- In turbulenten Zeiten muss ein Unternehmen immer vorbereitet sein, neue, unerwartet auftretende Möglichkeiten zu nutzen und schlecht kalkulierte Risiken abzuwenden. Dies gelingt, wenn das Unternehmen zu einer Leadership Company entwickelt wird.

- Leadership und Strategie haben letztlich nur Sinn, sofern sie nicht allein äußere Ziele erreichen, sondern auch innerlich weiterbringen. Die Leadership-Verantwortung besteht darin, die Welt etwas besser zurückzulassen als sie vorgefunden wurde und ihr etwas von dem zurückzugeben, was wir von ihr erhalten haben.

Große Dinge brauchen Zeit. Aber wenn die Richtung stimmt, lohnt sich die Geduld, Fehler zu begehen, sie zu korrigieren und aus ihnen zu lernen; lohnt es sich, Verzögerungen hinzunehmen, Abweichungen zu akzeptieren oder Umwege zu gehen. Leadership und strategisches Denken sind im Prinzip jedermann zugänglich. Beides kann zu einem Lebensstil werden. Ein Lebensstil ist ein Sein, also ein Zustand. Und einen solchen zu erreichen, das braucht Zeit.

*Mit Geduld Strategie aufbauen*

Und was sagt Nasreddin?

Ein Autor erzürnte sich gegen Nasreddin: »Wie konntest du es wagen, mein Buch als schlecht zu bezeichnen – schließlich hast du selber noch kein einziges verfasst!« Nasreddin antwortete: »Ich habe in meinem Leben auch noch kein Ei gelegt. Wie aber ein gekochtes Ei schmeckt, weiß ich besser als das Huhn!«

*Eine Moral von der Geschichte*

Diese zu finden, bleibt dem wohlwollenden Leser überlassen.

# Anmerkungen

1 Vgl. Waldmann/Ramirez/House/Puranam (2001), S. 134-148; siehe auch Finkelstein/Hambrick (1996), S. 375 ff.

2 Xenophon (1734), S. 4 ff.

3 Xenophon (1992), S. 119 u. 121

4 Vgl. Vitale (2001), S. 140

5 Vgl. Cannella/Monroe (1997), S. 148-157; Vitale (2001), S. 135; Rowe (2001), S. 81-94; Westphal/Frederickson (2001), S. 1113-1137

6 Vgl. hierzu Hinterhuber/Krauthammer (2002), S. 18 ff.

7 Vgl. Kirsch (2001), S. 431; Piccardo (1998), S. 97; Koestenbaum (2002), S. 54; Bass (1990), S. 179

8 Vgl. Brodbeck/Frese/Javidan (2002), S. 16-30

9 Vgl. Conger (1992), S. 90 ff.

10 Einen fundierten Einblick in die verschiedenen Leadership-Theorien bieten Wunderer (2002), S. 36 ff.; Cannella/Monroe (1997), S. 148-157; Ireland/Hitt (1999), S. 43-57

11 Pohlenz (1964), S. VII; siehe in diesem Zusammenhang auch die Arbeiten von Hossenfelder

12 Die »innere Burg« ist für Marc Aurel »der Geist, der sich von Affekten freihält«, Marc Aurel (1974), S. 197

13 Siehe dazu Schimmel (1995), S. 97 ff.

14 Marc Aurel (1974), S. 195

15 Zu den konstruktivistischen Grundlagen der strategischen Unternehmensführung siehe Hinterhuber (2000), S. 100-122

16 Die »Zauberformel«: »Du gehst mich nichts an« stammt von Epiktet, S. 18

17 Vgl. hierzu Pohlenz (1992), S. 330 ff.

18 Die höchste Tugend, sagt Peikoff (1991), S. 108, ist die Vernunft – »the unconditional adherence to reason as people's only source of knowledge and only guide to action«; ähnlich v. Kutschera (2000), S. 19 u. 57 ff. Vernunft bedeutet nach dem deutschen Philosophen J. Hofmann ein Wissen und ein Sich-Verhalten diesem Wissen gemäß, um ein positives Ziel zu erreichen; Hofmann (2002), S. 88-89

19 Diese Anteilnahme an einer größeren Wirklichkeit, bei der wir zunehmend nur mehr der kleine Teil sind, der wir im Ganzen tatsächlich sind, wird von den Stoikern als Oikeiosis bezeichnet. Diese bedeutet nach Pohlenz zunächst die natürliche Zuneigung zum eigenen Ich und den Selbsterhaltungstrieb, auf dem Weg über die nächsten Angehörigen, aber auch die Einbeziehung der Mitmenschen. Sie ist die Grundlage für das Wohlwollen und die Dankbarkeit gegenüber den anderen Menschen.

20 Vgl. Hadot (1996), S. 203

21 Vgl. Hadot (1999), S. 128

22 Vgl. Hayashi (1990), S. 9–11. Die japanische Struktur der Zeitwahrnehmung ist zyklisch, im Gegensatz zur westlichen, die linear ist. Die westliche Zeitwahrnehmung ist wie eine Linie oder ein Pfeil, die in der Vergangenheit beginnen und in der Zukunft enden; die Gegenwart trennt Vergangenheit und Zukunft.

23 Vgl. Seneca (1956), S. 16

24 Marc Aurel (1974), S. 85

25 Vgl. Green et al. (2001), S. 2105–2108

26 Vgl. Green et al. (2001), S. 2107

27 In diesem Sinn Morin (1999), S. 18 ff.

28 Siehe Goleman (1997) S. 190 ff.; siehe auch Goleman/Boyatzis/McKee (2002), S. 56 ff. und Goleman (1998), S. 281 ff.

29 Vgl. Varvelli/Varvelli (2000), S. 25

30 Vgl. Varvelli/Varvelli (2000), S. 28

31 Vgl. Handy (1999), S. 4; Baldaracco (2002), S. 18 ff.

32 Zur Bedeutung der emotionalen Dimension bei unternehmerischen Veränderungsprozessen siehe Hinterhuber (2003), S. 91–120; vgl. auch Stahl (2001b), S. 54 ff.

33 Varvelli/Varvelli (2000), S. 29

34 Vgl. Baldaracco (2002), S. 24

35 Varvelli/Varvelli (2000), S. 34

36 Zitiert aus Pohlenz (1964), S. 112

37 Vgl. hierzu Hossenfelder (1996), S. XIX

38 Vgl. Schlanger (2000), S. 13

39 Vgl. Schlanger (2000), S. 14

40 Zum Zusammenhang zwischen Glück und Seele siehe Hinterhuber, H.P. (2001), S. 221

41  Vgl. Cusumano/Markides (2002), Einleitung

42  Vgl. Varvelli/Varvelli (2000), S. 61

43  Pokorny (1959), S. 4 und S. 1030

44  Clausewitz (1980), S. 301

45  Moltke (1892), 2. Band, 2. Teil, S. 172 und 192

46  In diesem Sinn Porter (2002), S. 46

47  Siehe Krauthammer/Hinterhuber (2002), S. 86

48  Siehe Hinterhuber/Krauthammer (2002), S. 141

49  Vgl. Hambrick/Frederickson (2001), S. 48–59

50  Vgl. Hinterhuber (1996), S. 11 ff. und Hinterhuber (1997), S. 139 ff.

51  Vgl. Hinterhuber/Friedrich/Matzler/Pechlaner (2000), S. 1351–1370; siehe auch das von denselben Verfassern herausgegeben Buch »Die Zukunft der diversifizierten Unternehmung«.

52  Vgl. Friedrich von den Eichen (2003) (im Druck); siehe auch Hinterhuber/Hinterhuber (2002), S. 277–301 und Sydow (1999)

53  Vgl. den vierten Teil des Buches

54  Beaufre (1964), S. 142

55  Vgl. Hamel (2000), S. 59 ff.

56  Vgl. Rosinski (1970), S. 289 ff.

57  Siehe Friedrich von den Eichen (2002), S. 58 ff.

58  Liddell Hart (1953), S. 411

59  Liddell Hart (1953), S. 412

60  Liddell Hart (1953), S. 412

61  Krelle (1961), S. 610

62  Das Beispiel findet sich in ähnlicher Form in Krelle (1961), S. 612

63  Waibl (2001) vermittelt in geradezu sensationeller Weise Einsichten in die praktische Wirtschaftsethik.

64  Wir folgen Rusche (2003), S. 465–481

65  Vgl. Rusche (2000), S. 153 ff. und Rusche (2002), S. 183 ff.

66  Kessel (1967), S. 163 (kursiv durch den Verfasser)

67  Vgl. Hambrick/Frederickson (2001), S. 48–59; Cullen (2002), S. 129

68  Cronin (1973), S. 7

69  Sun Tze (1972), mit einer Einleitung von G. Maschke; neuere Ausgaben

stammen von Cleary (1988), Clavell (1988), Zhuge/Lin (1989). Je nach der Qualität der Übersetzung bedienen wir uns der einen oder anderen Ausgabe.

70 Sun Tzu (1988), S. 32

71 Sun Tzu (1988), S. 35

72 Sun Tzu (1988), S. 62-63

73 Sun Tzu (1988), S. 21-22

74 Sun Tzu (1988), S. 22-23

75 Sun Tzu (1972), S. 56

76 Jähns (1889), S. 17 ff.

77 Xenophon (o.J.) S. 5-6

78 Xenophon (o.J.) S. 8

79 Xenophon (o.J.) S. 21-30

80 Vgl. Wille (1992), S. 25 ff.

81 Die Ausführungen folgen Luttwak (1976), S. 13 ff.; siehe auch Sally (2002), S. 84-99

82 Es gibt eine Vielzahl von Übersetzungen der »Selbstbetrachtungen« Marc Aurels. Hadot benützt für seine »Einführung« in die Gedanken Marc Aurels die Übersetzung/Übertragung von W. Theiler, Marc Aurel, Wege zu sich selbst, Zürich 1974. Vgl. Hadot, (1996), S. 3 ff.

83 Vgl. hierzu Gilbert (1986), S. 11-31

85 Zitiert aus Delbrück (1920), 4. Teil, S. 491

85 Zitiert aus Delbrück (1990), S. 492. Auf Friedrich den Großen gehen eine Vielzahl allgemeingültiger Maximen zurück: »Ein General sollte in allen seinen Projekten nicht so sehr daran denken, was er zu tun wünscht, sondern was der Gegner tun will«; »unterschätze niemals den Gegner, sondern versetze dich in seine Lage; was würde ich tun, wenn ich der Gegner wäre«; »lerne Entscheidungen auf eine solche Art zu treffen, dass das Schicksal deiner Armee nicht vom guten oder schlechten Verhalten eines einzigen Unterführers abhängt«; »die besten Pläne sind nutzlos, wenn sie nicht ausgeführt werden«; »wenn du immer auf die gleiche Weise handelst, wirst du bald durchschaut sein«; »die Skepsis ist die Mutter der Sicherheit«. Zitiert aus Phillips (1985), S. 323, 347, 348 und 394

86 Wir folgen Höhn (1952), S. 116 ff.

87 Vgl. Höhn (1952), S. 120 ff., wo auch die Quellenangaben für die Zitate zu finden sind.

88 Wir folgen Görlitz (1950), S. 58 ff.

89  Aus den Direktiven wird später die »Auftragstaktik«

90  Vgl. hierzu Hahlweg (1980), S. 165; siehe auch Ruge (1967), S. 34 ff.

91  Clausewitz (1980), S. 505

92  Clausewitz (1980), S. 388

93  Clausewitz (1980), S. 373

94  Clausewitz (1980), S. 401

95  Clausewitz (1980), S. 295–296

96  Clausewitz (1980), S. 379–380

97  Clausewitz (1980), S. 810

98  Clausewitz (1980), S. 811

99  Clausewitz (1980), S. 879

100 Clausewitz (1980), S. 648

101 Clausewitz (1980), S. 356

102 Clausewitz (1980), S. 359

103 Clausewitz (1980), S. 1080

104 Vgl. hierzu Wallach (1972), S. 50 ff.

105 Clausewitz (1980), S. 474

106 Anderer Meinung sind Oetinger/Ghyczy/Bassford (2001), S. 5

107 Clausewitz (1980), S. 359 ff.

108 Vgl. hierzu Ritter (1954), S. 77 ff.

109 Moltke (1892) II. Bd., 2. Teil, S. 293; Hughes (1993) übersetzt einmal »Fortbildung« mit »continued development« (S. 47), ein anderes Mal mit »improvement« (S. 124) – was beides nicht den Kern der Moltkeschen Definition trifft.

110 Moltke (1892), S. 172

111 Vgl. Liddell Hart (1953), S. 411 ff. Die Bedeutung der Flexibilität der Strategie und des strategischen Plans geht aus der folgenden Begebenheit hervor: Im August 1914, auf dem Höhepunkt der Krise, langt beim deutschen Generalstab die Nachricht ein, dass England nicht in den bevorstehenden Krieg eintreten würde, wenn Deutschland von einem Angriff auf Frankreich Abstand nehmen würde. Der Kaiser sagt zum Chef des Generalstabs Helmuth von Moltke d. J., dass, wenn die Nachricht wahr ist, Deutschland den Schwerpunkt der Offensive nach Osten verlegen soll. Moltke antwortet, dass das unmöglich sei, denn die Armee habe nur einen Kriegsplan, der nun nicht mehr geändert werden könne. »Ihr Onkel hätte mir eine andere Antwort gegeben«, ist

alles, was Wilhelm II. entgegnet. Diese Geschichte, die ohne Schwierigkeit auch in unsere Zeit und auf die Situation sowie das Verhalten nicht weniger Unternehmen übertragen werden kann, findet sich in Paret (1986), S. 865–866

112 Moltke (1892), S. 292

113 Vgl. Rosinski (1970), S. 125

114 Moltke (1892), S. 291

115 Moltke (1892), S. 291–292 (kursiv durch den Verfasser)

116 Moltke (1892), S. 227–228

117 Liddell Hart (1953), S. 23

118 Vgl. hierzu Wallach (1972), S. 80 ff.

119 Moltke (1892), S. 293

120 Moltke (1892), S. 174

121 Moltke (1892), S. 19–21

122 Moltke (1892), S. 211

123 Moltke (1892), S. 72

124 Moltke (1892), S. 19–21 (kursiv durch den Verfasser); »allgemeine Weisungen« sind Direktiven oder, nach heutiger Auffassung, Vereinbarungen von Zielen und Rahmenbedingungen.

125 Moltke (1892), S. 19–21

126 Vgl. Rosinski (1970), S. 125 ff.

127 Moltke (1892), S. 170

128 Moltke (1892), S. 70

129 Moltke (1892), S. 14

130 Moltke (1892), S. 10

131 Vgl. hierzu Kessel (1957), S. 430

132 Rosinski, (1970), S. 124

133 Görlitz (1950), S. 96

134 Moltke (1892), S. 71

135 Moltke (1892), S. 211

136 Vgl. Welch/Byrne (2001), S. 390 ff. und S. 447 ff.; kritisch dazu Hegele/Kieser (2001), S. 298–309

137 Vgl. hierzu Görlitz (1950), S. 188 ff.

138 Craig in der Einleitung zu Rosinski (1970), S. 23
139 Vgl. Donnithorne (1993)
140 Vgl. Sullivan/Harper (1997)
141 Rosinski (1970), S. 135 ff.
142 Vgl. z.B. Paret (1986), S. 108 ff.
143 Clausewitz (1980), S. 291
144 Vgl. Hinterhuber/Krauthammer (2001), S. 119 ff; Krauthammer/Hinterhuber (2002), S. 60 ff.
145 Vgl. Alberoni (2002), S. 186
146 Vgl. Earle/Imrie/Archbold (1989), S. 90 ff.
147 Vgl. Finnie/Early (2002), S. 27
148 Vgl. Varvelli/Varvelli (2000), S. 70
149 Welch/Byrne (2001), S. 387
150 Siehe Hinterhuber/Krauthammer (2001), S. 131
151 Welch/Byrne (2001), S. 385
152 Vgl. Whittington (2001), S. 55; siehe auch Baldaracco (2002), S. 18 ff.
153 Vgl. Koestenbaum (2002), S. 180
154 Siehe Buckingham/Coffman (1991), S. 28 ff.
155 In Anlehnung an Peseschkian (2001), S. 133
156 Krauthammer/Hinterhuber (2002), S. 1–22
157 Vgl. Bergmann/Hurson/Russ-Eft (1999), S. 45 ff.
158 Bennis/Parikh/Lessen (1995), S. 27 ff.
159 Siehe Kirzner (1978), S. 65
160 Siehe Alberoni (2002), S. 85–88
161 Vgl. Schlanger (2000), S. 140 ff.
162 Vgl. Schlanger (2000), S. 95 ff.
163 Dazu Collins (2001), S. 48 ff; siehe auch Finnie/Abraham (2002), S. 11
164 Vgl. Tichy/Cohen (1997), S. 144 ff.
165 Erziehung (lat. e-ducere) gilt der Entfaltung und Ausbildung von bereits Vorhandenem; sie legt die Betonung auf Wiederholung. »You educate people, you train dogs.«
166 Tichy/Cohen (1997), S. 8 ff.

167 Varvelli/Varvelli (2000), S. 134
168 Varvelli/Varvelli (2000), S. 134
169 Vgl. Welch/Byrne (2001), S. 231 ff.
170 Vgl. Bass (1985), S. 36 ff.
171 Vgl. Stahl (2001a), S. 1–17
172 Vgl. Stahl (2002), S. 1–16
173 Vgl. Mirow (1999), S. 13–27 und Mirow (2002b), S. 343 ff.
174 Vgl. hierzu Friedrich von den Eichen (2003) (im Druck); siehe dazu auch die Ausführungen über die Netzwerkstrategie im zweiten Teil.
175 Mirow (2002b), S. 344
176 Mirow (2002b), S. 344

# Literaturverzeichnis

Albach, H. (1979): Zur Wiederentdeckung des Unternehmers in der wirtschaftspolitischen Diskussion. In: Zeitschrift für die gesamte Staatswissenschaft 135, Heft 4, S. 533-552

Albach, H. (2002): Allgemeine Betriebswirtschaftslehre. 3. Aufl., Wiesbaden

Alberoni, F. (2002): L'arte del comando. Mailand

Aurel, M. (1974): Wege zu sich selbst. Übertragen von W. Theiler. Zürich/Stuttgart

Aron, R. (1980): Clausewitz: Den Krieg denken. Frankfurt am Main/Berlin/Wien

Baldaracco, J. L. (2002): Leading quietly. An Unorthodox Guide to Doing the Right Things. Boston

Bass, B. M. (1985): Leadership and Performance Beyond Expectations. New York

Bass, B. M. (1990): Bass and Stogdill's Handbook of Leadership. New York

Beaufre, A. (1964): Totale Kriegskunst im Frieden: Einführung in die Strategie. Berlin

Bennis, W., Parikh, J., Lessem, R. (1995): Beyond Leadership. Cambridge, Mass.

Bergmann, H./Hurson, K./Russ-Eft, D. (1999): Everyone is a Leader: A Grassroots Model for the New Workplace. New York

Birkinshaw, J. (2000): Entrepreneurship in the Global Firm. London

Bossidy, L./Charan, R./Burk, Ch. (2002): Execution. New York

Brodbeck, F. C./ Frese, M./Javidan, M. (2002): Leadership made in Germany: Low on compassion, high on performance. In: Academy of Management Executive 16, No.1, S. 16-30

Buckingham, M., Coffman, C. (1999): First, Break All the Rules. New York

Buzzell, R. D./Gale, B. T. (1987): The PIMS Principles. Linking Strategy to Performance. New York/London

Cannella, A. A./ Monroe, M. J. (1997): Contrasting Perspectives on Strategic Leaders: Toward a More Realistic View of Top Managers. In: Journal of Management 23, Issue 3, S. 148-157

Caemmerer, R. (1904): Die Entwicklung der strategischen Wissenschaft im 19. Jahrhundert. Berlin

Clausewitz, C. v. (1941): Geist und Tat. Stuttgart

Clausewitz, C. v. (1980): Vom Kriege. 19. Aufl., Jubiläumsausgabe mit erneut erweiterter historisch-kritischer Würdigung von W. Hahlweg. Bonn (Nachdruck 1991)

Collins, J. (2001): Good to Great: Why some Companies Make the Leap ... and Others Don't. New York

Craig, G. A. (1960): Die preußisch-deutsche Armee 1640–1945. Düsseldorf

Cronin, V. (1973): Napoleon. Hamburg/Düsseldorf

Conger, J. A. (1992): Learning to Lead. San Francisco

Csikszentmihalyi, M. (1992): Flow. Das Geheimnis des Glücks. Stuttgart

Cullen, J. B. (2002): Multinational Management. A Strategic Approach. 2. Aufl., Mason, Ohio

Cusumano, M. A., Markides, C. C. (Hrsg.) (2002): Strategic Thinking for the New Economy. San Francisco

De Woot, Ph. (1988): Les entreprises de haute technologie et l'Europe. Paris

DeWit, B./Meyer, R. (1999): Strategy. Process, Content, Context. 2. Aufl., London

Di Maggio, P. (2001): The Twenty-First-Century Firm. Princeton

Donnithorne, L. R. (1993): The West Point Way of Leadership. New York

Delbrück, H. (1920): Geschichte der Kriegskunst. 4 Bände, Berlin

Foch, F. (1906): Des principes de la guerre. Paris

Friedell, E. (1951): Kulturgeschichte der Neuzeit. 3 Bände, München

Earle, R., Imrie, D., Archbold, R. (1989): Your Vitality Quotient. Toronto

Epiktet (1948): Übertragen und eingeleitet von W. Capelle. Zürich/Stuttgart

Fiedler, F. E. (1996): Research on Leadership Selection and Training: One View of the Future. In: Administrative Science Quarterly, June, S. 241–250

Finkelstein, S./Hambrick, D. (1996): Strategic Leadership: Top Executives and their Effects on Organizations. St. Paul MN

Finnie, W. C./Early, St. (2002): Results-based leadership: an interview with Dave Ulrich. In: Strategy & Leadership 30, No. 6, S. 23–29

Finnie, W. C./Abraham, S. C. (2002): Getting from good to great: a conversation with Jim Collins. In: Strategy & Leadership 30, No. 5, S. 10–14

Forschner, M. (1995): Die stoische Ethik. 2. Aufl., Darmstadt

Friedrich von den Eichen, St. A. (2002): Kräftekonzentration in der diversifizierten Unternehmung. Wiesbaden

Friedrich von den Eichen, St. A. (2003): Netstructuring. Die Zukunft gehört fokussierten, offenen und vernetzten Unternehmen. (in Vorbereitung)

Friedrich von den Eichen, St. A. (2003): Quo vadis Strategisches Management. In: Hinterhuber, H.H. et al (Hrsg.): Das Neue Strategische Management. 3. Aufl., Wiesbaden, S. 7–30

Friedrich von den Eichen, St. A./Matzler, K./Stahl, H. K. (2002): Quo vadis RBV? Stand und Entwicklungsmöglichkeiten des Ressourcenansatzes. In: Bellmann, K./ Freiling, J./Hammann, R./Mildenberger, U. (Hrsg.): Aktionsfelder des Kompetenz-Managements. Wiesbaden, S. 29–58

Gerstner, L. V. (2002): Who Says Elephants Can't Dance? New York

Goleman, D. (1997): Emotionale Intelligenz. London

Goleman, D. (1998): Working with Emotional Intelligence. New York

Goleman, D., Boyatzis, R., McKee, A. (2002): Emotionale Führung. München

Greene, J. D./Sommerville, R. B./Nystrom, L. E., Darley/J.M./Cohen, J. D. (2001): An fMRI Investigation of Emotional Engagement in Moral Judgement. In: Science 293, S. 2105–2108

Gilbert, F. (1986): Machiavelli: The Renaissance of the Art of War. In: Paret, P. (Hrsg.): Makers of Modern Strategy. Princeton, S. 11–31

Goethe, W. v. (1974): Wilhelm Meisters Lehrjahre. München

Görlitz, W. (1950): Der deutsche Generalstab. Frankfurt am Main

Hadot, P. (1997): Die innere Burg. Berlin

Hadot, P. (1999): Wege zur Weisheit. 2. Aufl., Berlin

Hadot, P. (2002): Philosophie als Lebensform. Frankfurt am Main

Halweg, W. (Hrsg.) (1960):Klassiker der Kriegskunst. Darmstadt

Halweg, W. (1980): Das Clausewitzbild einst und jetzt. In: Clausewitz, C. v.: Vom Kriege. Bonn S. 1–172

Hambruck, D. C./Frederickson, J. W. (2001): Are you sure you have a strategy? In: Academy of Management Executive 15, No. 4, S. 48–59

Hamel, G. (2000): Leading the Revolution. Boston

Handy, C. (1999): The Age of Unreason. London

Hayashi, S. (1990): Culture and Management in Japan. 2. Aufl., Tokyo

Hegele, C./Kieser, A. (2001): Control the Construction of Your Legend or Someone Else Will – An Analysis of Texts on Jack Welch. In: Journal of Management Inquiry 10, No. 4, S. 289–309

Herberg-Rothe, A. (2000): Das Rätsel Clausewitz. München

Hinterhuber, A. (2002): Strategische Erfolgsfaktoren bei der Unternehmensbewertung. 2. Aufl., Wiesbaden

Hinterhuber, A. (2002): Value Chain Orchestration in Action and the Case of the Global Agrochemical Industry, in: Long Range Planning 35, S. 615-635

Hinterhuber, H. H. (1996): Strategische Unternehmungsführung, Band 1: Strategisches Denken. 6. Aufl., Berlin/New York

Hinterhuber, H. H. (1997): Strategische Unternehmungsführung, Band 2: Strategisches Handeln. 6. Aufl., Berlin/New York

Hinterhuber, H. H. (2000): Mentale Modelle der Führenden und strategische Ausrichtung der Unternehmung. In: Hinterhuber, H.H./Stahl, H. K. (Hrsg.): Die Schwerpunkte moderner Unternehmensführung, Innsbrucker Kolleg für Unternehmensführung, Band 2, Renningen/Wien, S. 100-122

Hinterhuber, H. H. (2002): Die Bedeutung von Leadership für die strategische Unternehmungsführung. In: Ringlstetter, M./Henzler, H./Mirow, M. (Hrsg.): Perspektiven der strategischen Unternehmensführung. Theorien, Konzepte, Anwendungen. Wiesbaden, S. 255-276

Hinterhuber, H. H. (2003): Maßstäbe für die Unternehmer und Führungskräfte von morgen. In: Hinterhuber, H. H., Friedrich von den Eichen, St.A./Al-Ani, A./Handlbauer, G. (Hrsg.): Das Neue Strategische Management. 3. Aufl., Wiesbaden, S. 91-120

Hinterhuber, H. H., Friedrich von den Eichen, St.A./Matzler, K./Pechlaner, H. (2000): Die strategische Führung der diversifizierten Unternehmung. In: Zeitschrift für Betriebswirtschaft, 70. Jg., H. 12, S. 1351-1370

Hinterhuber, H. H., Friedrich von den Eichen, St.A., /Matzler, K./Pechlaner, H. (Hrsg.) (2000): Die Zukunft der diversifizierten Unternehmung. München

Hinterhuber, H. H., Krauthammer, E. (2002): Leadership – mehr als Management. 3. Aufl., Wiesbaden

Hinterhuber, H. P. (2001): Die Seele. Natur- und Kulturgeschichte von Psyche, Geist und Bewusstsein. Wien/New York

Hitt, M. A./Ireland, R. D./Camp, S. M./Sexton, D. L. (2001): Strategic Entrepreneurship: Entrepreneurial Strategies for Wealth Creation. In: Strategic Management Journal 22, S. 479-491

Hossenfelder, M. (1995): Stoa, Epikureismus und Skepsis. 2. Aufl., München (Geschichte der Philosophie. Hg. v. W. Röd, Band III: Die Philosophie der Antike)

Hofmann, J. (2002): Vom Glücklich- und Weisesein in dieser Zeit. Berlin

Hossenfelder, M. (1996): Antike Glückslehren. Stuttgart

Höhn, R. (1952): Scharnhorsts Vermächtnis. Bonn

Hughes, D. J. (1993): Moltke on the Art of War. Selected Writings. Novato, CA

Ireland, R. D./Hitt, M. A. (1999): Achieving and Maintaining Strategic Competitiveness in the 21st Century: The Role of Strategic Leadership. In: The Academy of Management Executive 13, Number 1, S. 43-57

Jähns, M. (1889-1910): Geschichte der Kriegswissenschaften. 21 Bände, München/Leipzig

Jean, C. (Hrsg.) (1981): Il pensiero strategico. Mailand

Jean, C. (1990): Studi strategici. Mailand

Jomini, A. H. (1891): Abriss der Kriegskunst. Dresden

Kessel, E. (1950): Zeiten der Wandlung. Hamburg

Kessel, E. (1957): Moltke. Stuttgart

Kessel, E. (1967): Wilhelm von Humboldt. Stuttgart

Kirsch, W. (2001): Die Führung von Unternehmen. München

Kirzner, I. M. (1978): Wettbewerb und Unternehmertum. Tübingen

Kirzner, I. M. (1980): The Primacy of Entrepreneurial Discovery. In: Institute of Economic Affairs (Hrsg.): Prime Mover of Progress. London, S. 3-30

Kirzner, I. M. (1989): Discovery, Capitalism, and Distributive Justice. Oxford

Knyphausen, D. v. (1997): Strategisches Management auf dem Weg ins 21. Jahrhundert. In: Die Betriebswirtschaft 57, S. 73-91

Koestenbaum, P. (2002): Leadership. The Inner Side of Greatness. 2. Aufl., San Francisco

Krauthammer, E., Hinterhuber, H. H. (2002): Wettbewerbsvorteil Einzigartigkeit. München

Kreikebaum, H./Behnam, M./Gilbert, D. U. (2001): Management ethischer Konflikte in international tätigen Unternehmen. Wiesbaden

Kreikebaum, H. (1996): Grundlagen der Unternehmensethik. Stuttgart

Krelle, W. (1961): Preistheorie. Tübingen/Zürich

Kutschera, F. v. (2000): Die großen Fragen. Philosophisch-theologische Gedanken. Berlin/New York

Lawler, E. E. III (2002): The Folly of Forced Ranking. In: Strategy + Business 28, Third Quarter, S. 28-32

Liddell Hart, B. H. (1953): Strategie: Das indirekte Vorgehen. Wiesbaden

Liddell Hart, B. H. (1960): Abschreckung oder Abwehr? Wiesbaden

Luttwak, E. N. (1976): The Grand Strategy of the Roman Empire. Washington

Luttwak, E. N. (2001): Strategy: The Logic of War and Peace. 2. Aufl., Cambridge, Mass.

Machiavelli, N. (1977): Gedanken über Politik und Staatsführung. 2. Aufl., Stuttgart

Machiavelli, N. (1978): Il Principe. Stuttgart

Matzler, K. (2003): Die Customer-based View (im Druck)

Maurois, A. (1976): Napoleon. Reinbek

Mintzberg, H./Lampel, J./Quinn, J. B./Goshal, S. (2003): The Strategy Process. 2. Aufl., Harlow

Mintzberg, H./Simons, R./Basu, K. (2002): Beyond Selfishness. In: MIT Sloan Management Review 44, No. 1, S. 67–74

Mirow, M. (1999): Von der Kybernetik zur Autopoiese. Systemtheoretisch abgeleitete Thesen zur Konzernentwicklung. In: Zeitschrift für Betriebswirtschaft 69, H. 1, S. 13–27

Mirow, M. (2000): Strategien zur Wertsteigerung. In: Hinterhuber, H.H., Friedrich, St.A., Matzler, K., Pechlaner, H. (Hrsg.): Die Zukunft der diversifizierten Unternehmung. München, S. 324–343

Mirow, M. (2002a): Chancen und Risiken globalisierter Unternehmen im Spannungsfeld zwischen Kooperation und Wettbewerb. In: Oesterle, M.-J., (Hrsg.): Risiken im unternehmerischem Handeln durch Individualisierung und Globalisierung. Bremen, S. 50–61

Mirow, M. (2002b): Wertsteigerung durch Innovationen. In: Ringlstetter, M., Henzler, H., Mirow, M. (Hrsg.): Perspektiven der strategischen Unternehmensführung. Theorien, Konzepte, Anwendungen. Wiesbaden, S. 331–346

Moltke, H. v. (1941): Gespräche. Hrsg. von E. Kessel. 2. Aufl., Hamburg

Moltke, H. v. (1941): Briefe 1825–1891. Hrsg. von E. Kessel. Stuttgart

Moltke, H. v. (1891–1893): Gesammelte Schriften und Denkwürdigkeiten. 8 Bände, Berlin

Moltke, H. v. (1892–1912): Militärische Werke. Hrsg. vom Großen Generalstab. 13 Bände, Berlin

Moltke, H. v. (1911): Briefe an seine Frau und Braut. 5. Aufl., Stuttgart/Leipzig

Moltke, H. v. (1925): Ausgewählte Werke. Hrsg. von F. von Schmerfeld, 4 Bände, Berlin

Moltke, H. v. (1980): Unter dem Halbmond. Stuttgart

Morin, E. (1999): Les sept savoirs nécessaires à l'education du futur. Paris

Neuberger, O. (2002): Führen und geführt werden. 3. Aufl., Stuttgart

Oetinger, B. v./Ghyczy, T. v./Bassford, Ch. (Hrsg.) (2001): Clausewitz. Strategie denken. München

Paret, P. (Hrsg.) (1986): Makers of Modern Strategy. Princeton

Peikoff, L. (1991): Objectivism: The philosophy of Ayn Rand. New York

Peseschkian, N. (2001): Der Kaufmann und der Papagei. Stuttgart

Piccardo, C. (1998): Orientamenti teorici per l'apprendimento della leadership. In: Piccardo, C. (Hrsg.): Insegnare e apprendere la leadership. Mailand, S. 97-116

Phillips, T. R. (Hrsg.) (1985): Roots of Strategy. Harrisburg, Pa.

Pohlenz, M. (1964 ) (Hrsg.): Stoa und Stoiker. Zürich/Stuttgart

Pohlenz, M. (1992): Die Stoa. 7. Aufl., Göttingen

Pokorny, J. (1959): Indogermanisches Etymologisches Wörterbuch. Bern/ München

Porter, M. E. (1983): Wettbewerbsstrategie. Frankfurt am Main

Porter, M. E. (2002): An interview with Michael Porter. Interviewed by Argyres, N., McGahan, A.M.. In: Academy of Management Executive 16, No. 2, S. 43-52

Quaglino, G. P./Tesio, V./Testa, G. (Hrsg.) (2002): Leadership in cammino. Il caso Fiat. Mailand

Rathenau, W. (1912): Reflexionen. Leipzig

Rowe, W. G. (2001): Creating wealth in organizations: The role of strategic leadership. In: Academy of Management Executive 15, No. 1, S. 81-94

Ritter, G. (1954): Staatskunst und Kriegshandwerk. 4 Bände, München

Rizzi, L. (1986): Clausewitz l'arte militare l'età nucleare. Mailand

Rosinski, H. (1970): Die deutsche Armee. Düsseldorf/Wien

Rusche, Th. (2000): Umweltverantwortung in der christlichen Sozialethik. In: Böhler, D., Stitzel, M. u.a. (Hrsg.): Zukunftsverantwortung in der Marktwirtschaft. In Memoriam Hans Jonas. Münster, S. 138-158

Rusche, Th. (2002): Aspekte einer dialogbezogenen Ethik. 2. Aufl., Münster

Rusche, Th. (2003): Das Diskursmodell der kommunikativen Unternehmensethik. In: Hinterhuber, H. H. et al (Hrsg.): Das Neue Strategische Management. 3. Aufl., Wiesbaden, S. 465-481

Russell, B. (1977): Eroberung des Glücks. Frankfurt am Main

Sally, D. (2002): Co-Leadership: Lessons from Republican Rome. In: California Management Review 44, No. 4, S. 84-99

Sawyer, R. D. (1996): The Complete Art of War. New York

Schimmel, A. (1995): Mystische Dimensionen des Islam. Frankfurt am Main

Schlanger, J. (2000): La bonne vie. Conversations avec Épicure, Épictète et d'autres amis. Paris

Schumpeter, J. (1987): Theorie der wirtschaftlichen Entwicklung. 7. Aufl., unveränderter Nachdruck der 1934 erschienenen 4. Aufl.

Schweitzer, A. (1986): Was sollen wir tun? Heidelberg

Senger, H. (1988): Strategeme. Bern/München/Wien

Seneca (1956): Vom glückseligen Leben. Herausgegeben von H. Schmidt, eingeleitet von J. Kroymann. Stuttgart

Sharma, D./Lucier, Ch./Molloy, R. (2002): From Solutions to Symbiosis. In: strategy + business 27, Second Quarter, S. 39–48

Shayegan, D. (2001): La lumiére vient de l'Occident, Paris

Singh, J. V. (2001): McKinsey's Managing Director Rajat Gupta on leading a knowledge-based global consulting organization. In: Academy of Management Executive 15, No. 2, S. 38

Stahl, H. K. (2000):Das rare Gut der Kooperationsfähigkeit. In: Hinterhuber, H. H./ Stahl, H. K. (Hrsg.): Die Schwerpunkte moderner Unternehmensführung. Innsbrucker Kolleg für Unternehmensführung, Band 2, Renningen/Wien, S. 62–67

Stahl, H. K. (2001a): Man kann nie genug irritiertwerden. Gedanken zur Außenorientierung von Unternehmen. In: Hinterhuber, H. H./Stahl, H. K. (Hrsg.): Fallen die Unternehmensgrenzen? Innsbrucker Kolleg für Unternehmensführung, Band 3, Renningen/Wien, S. 1–17

Stahl, H. K. (2001b): Modernes Kundenmanagement. 2. Aufl., Renningen

Stahl, H. K. (2002): Ist unser Dienstleistungsverständnis noch zeitgemäß? In: Hinterhuber, H. H./Stahl, H. K. (Hrsg.): Erfolg durch Dienen? Innsbrucker Kolleg für Unternehmensführung, Band 4, Renningen/Wien S. 1–16

Stadelmann, R. (1952): Scharnhorst. Wiesbaden

Steinmann, H./Löhr, A. (1994): Grundlagen der Unternehmensethik. 2. Aufl., Stuttgart

Steinmann, H./Olbrich, T./Riedle, H. (1998): Die deutschsprachige Forschung zur Unternehmensstrategie in der Selbsteinschätzung von Hochschullehrern. In: Handlbauer, G./Matzler, K./Sauerwein, E./Stumpf, M. (Hrsg.): Perspektiven im Strategischen Management. Berlin/New York, S. 369–386

Stumpf, R. (1993): Kriegstheorie und Kriegsgeschichte. Carl von Clausewitz. Helmuth von Moltke. Berlin

Sullivan, G. R./Harper, M.V. (1997): Hope is not a Method. New York

Summers, H. G. (1982): On Strategy. Novato

Sun Tzu (1988): The Art of War. Translated by Th. Cleary. Boston

Sun Tze (1972): Die dreizehn Gebote der Kriegskunst. München

Sunzi (1988): Die Kunst des Krieges. München

Sydow, J. (Hrsg.) (1999): Management von Netzwerkorganisationen. Wiesbaden

Takala, T. (1998): Plato on Leadership. In: Journal of Business Ethics 17, S. 785-798

Tichy, N. M./Cohen, E. (1997): The Leadership Engine. How Winning Companies Build Leaders at Every Level. New York

Tichy, N. M./Cardwell, E. (2002): The Cycle of Leadership: How Great Leaders Teach their Companies to Win. New York

Vannoy, St. W. (1994): The 10 greatest gifts I give my children. New York

Vad, E. (1984): Carl von Clausewitz: Seine Bedeutung heute. Herford/Bonn

Varvelli, R., Varvelli, M.L. (2000): Lavorare positivo. Mailand

Vitale, M. (2001): Sviluppo e spirito d'impresa. Rom

Waibl, E. (2001): Praktische Wirtschaftsethik. Innsbruck/Wien

Wallach, J. L. (1972): Kriegstheorien. Frankfurt am Main

Waldman, D. A./Ramirez, G. G./House, R. J./Puranam, P. (2001): Does Leadership Matter? CEO Leadership Attributes and Profitability under Conditions of Perceived Environmental Uncertainty. In: The Academy of Management Journal 44, Number 1, S. 134-143

Weinkauf, W. (1994): Die Stoa, Augsburg

Welch, J./Byrne, J. A. (2001): Jack. Straight from the Gut. New York

Westphal, J. D./Frederickson, J. W. (2001): Who directs strategic change? Director experience, the selection of new CEOs, and change in corporate strategy. In: Strategic Management Journal 22, S. 1113-1137

Whittington, R. (2001): What is Strategy - and does it matter? 2. Aufl., London

Wille, F. (1992): Führungsgrundsätze in der Antike. Zürich

Wunderer, P. (2002): Führung und Zusammenarbeit. 3. Aufl., Neuwied

Xenophon (1734): Oikonomikos oder Xenophon vom Hauswesen. Hamburg

Xenophon (1992): Ökonomische Schriften. Berlin

Xenophon (o.J.): Memorabilien. Leipzig

Zhuge, L./Lin, J. (1989): Mastering the Art of War. Zhuge Liang's and Lin Ji's commentaries on the classic by Sun Tzu. Boston

# Ausgewählte Bücher des Autors

Hinterhuber, H. H./Krauthammer, E. (2003): Leadership – mehr als Management. 4. Aufl., Wiesbaden

Hinterhuber, H. H./Matzler, K. (Hrsg.) (2003): Kundenorientierte Unternehmensführung. 3. Aufl., Wiesbaden

Hinterhuber, H. H. (2004): Strategische Unternehmungsführung. 7. Aufl., Berlin/New York

Hinterhuber, H. H./Friedrich von den Eichen, St. A./Al-Ani, A./Handlbauer, G. (Hrsg.) (2003): Das Neue Strategische Management. 3. Aufl., Wiesbaden

Hinterhuber, H. H./Handlbauer, G./Matzler, K. (2003): Kundenzufriedenheit durch Kernkompetenzen, 2. Aufl., Wiesbaden

Hinterhuber, H. H./Stahl, H. K. (Hrsg.) (2002): Erfolg durch Dienen? Beiträge zur wertsteigernden Führung von Dienstleistungsunternehmen. Innsbrucker Kolleg für Unternehmensführung. Band 4, Renningen

Hinterhuber, H. H./Friedrich von den Eichen, St. A./Matzler, K./Pechlaner, H. (Hrsg.) (2000): Die Zukunft der diversifizierten Unternehmung. München

Krauthammer, E./Hinterhuber, H. H. (2002): Wettbewerbsvorteil Einzigartigkeit. München

Krauthammer, E./Hinterhuber, H. H. (2003): Wie werden ich und mein Unternehmen die Nr. 1? 2. Aufl., München

Stakl, H. K./Hinterhuber, H. H. (Hrsg.) (2003): Erfolgreich im Schatten der Großen. Wettbewerbsvorteile für kleine und mittlere Unternehmen. Kolleg für Leadership und Management 1. Berlin

# Leserstimmen

»Das ist kein Lehrbuch, das ist ein Meisterwerk, durch das der Autor seine Leser mit leichter Hand von Seite zu Seite ›führt‹ und uns allen zeigt, was ›Leadership‹ wirklich ist.«

Karl Baumgartner,
Unternehmensberater i.R., Gründer und Geschäftsführer von
Karl Baumgartner & Partner, Sindelfingen

»In den Unternehmen wie in der Politik zählen vor allem die Ergebnisse. Voraussetzungen, um Ergebnisse zu liefern, sind die Klarheit der Ziele und die Fähigkeit, die Personen für deren Erreichung in Bewegung zu setzen. Das ist das Wesen von Leadership, über das im Lauf der Zeit viele Philosophen und Denker ihre Reflexionen entwickelt haben. Hans Hinterhuber sammelt in einem angenehm und anregend zu lesenden Buch die historischen und analytischen Hauptelemente dieser Auseinandersetzung; er bietet denen eine Vielzahl von brauchbaren Anregungen, die Leadership als wesentliches Erfolgsinstrument ansehen.«

Dr. Franco Bernabè,
CEO, Franco Bernabè & C., ehemaliger CEO, ENI und
Telecom Italia, Rom

»Eine dringende, aber auch ermutigende Einladung, dem ›Club der Führenden‹ beizutreten; anregend, bereichernd und für die Führungsarbeit sehr, sehr hilfreich!«

Michael Dirkes,
CEO Cell-Consulting AG, Frankfurt

»Das Buch zeigt, dass Leadership zum Teil erlernbar ist, aber durch gelebtes Vorbild mit dem notwendigen ethischen Background praktizierbar ist. Dem Autor gelingt es vortrefflich, aus den über 100 Jahren alten Militärstrategien Helmuth von Moltkes Anregungen für unsere heutigen Firmenstrategien abzuleiten.«

KR. Dipl.-Ing. Peter Ebner,
CEO, Ebner-Industrieofenbau GmbH, Leonding

»Das Buch beleuchtet die Lebensweise und den Führungsstil großer Persönlichkeiten von der Antike bis heute, um aufzuzeigen, dass Leadership ein Lebensstil ist und was wir in den Bereichen strategische Vorgehensweise und Auswahl der Mitarbeiter von ihnen lernen können. Neben vielen praktischen Anregungen begeistern die sehr interessanten philosophischen Überlegungen und die Heiterkeit der Darstellung. Das Buch wird sicher dazu beitragen, Leadership und Strategie in den Unternehmen auf ein höheres Niveau zu heben.«

Adolf Feizlmayr,
Geschäftsführender Gesellschafter der ILF
Beratende Ingenieure GmbH, München

»Wer über Leadership und Strategie fundiert nachdenken will – und wer kann es sich leisten, dies nicht zu tun? – findet im Werk von Hans H. Hinterhuber eine äußerst erhellende Anleitung.«

Univ.-Prof. Dr. Manfried Gantner,
Rektor, Leopold-Franzens-Universität Innsbruck

»In einer Zeit, in der Sicherheit im Handel und langfristige Orientierung mehr denn je gefragt sind, gibt das Buch eine wichtige Hilfestellung. Seine wesentliche Leistung ist dabei die Adaption bewährter Grundsätze auf die Erfordernisse unserer Zeit.«

Dipl.-Ing., Brigadegeneral Stephan Kretschmer

»Unter der Vielzahl von Büchern über Leadership nimmt dieses Werk von Professor Hans H. Hinterhuber eine herausragende Stellung ein, weil es Leadership-Grundsätze und -Erfahrungen von der Antike bis zur Gegenwart beschreibt. Man lernt daraus, dass sich grundsätzliche Gedanken und Erkenntnisse über Leadership und Strategien im Laufe der Zeit nicht geändert haben. Als Beispiel seien folgende im Buch aufgeführten Worte vom Moltke genannt: Die Kombination von taktischer Defensive (d.i. kurzfristige Ergebnisse erzielen) und strategische Offensive (d.i. unternehmerisch langfristige Stärke aufweisen) sind Grundprinzipien für ein Unternehmen und seinen Erfolg.«

Dr. h.c. Helmut O. Maucher,<br>Ehrenpräsident Nestlé AG, Frankfurt

»Von den Philosophen der griechischen Antike über die Führungsprinzipien des römischen Kaisers Marc Aurel und die großen Militätstrategen des vorigen Jahrhunderts bis hin zur Führung globaler Großkonzerne spannt sich der Bogen, den Hans H. Hinterhuber in seinem neuesten Buch schlägt. Eine faszinierende und Gewinn bringende Lektüre für jeden, der in der Führungsverantwortung eines Unternehmens steht und über den Tag hinaus denkt. Hinterhuber zeigt auf anschauliche und sehr menschliche Weise, wie Führung im Sinne von Leadership zum Lebensstil erhoben werden kann und wie große Strategen der Vergangenheit dieses Prinzip gelebt und auch intellektuell verarbeitet haben.«

Prof. Dr. Michael Mirow,<br>Technische Universität Berlin, ehemals Planungschef<br>der Siemens AG, München

»Eine unverzichtbare Orientierungshilfe in einer Zeit, in der viele Unternehmen vom Kurs abgekommen sind. Herzlichen Glückwunsch zu diesem spannenden Buch, das quasi die ›Naturgesetze des Erfolges‹ aus der Geschichte ableitet.«

Dr. Helmut Rothenberger,<br>Vorstandsvorsitzender, Rothenberger AG, Kelkheim

»In der Zeit der großen Börsenblase, des schnellen Geldes und des modernen prozessorientierten Managers wurden die Werte des Leadership – da vorgeblich wenig ertragsbeeinflussend – stiefmütterlich behandelt. Umdenken ist angesagt und nachgefragt. Die Zukunft liegt in der in diesem Buch vorgestellten Leadership Company, einer leistungsstarken Unternehmung, die Veränderungen und Bedrohungen mutig, flexibel, kreativ und erfolgreich mit motivierten Stakeholdern meistert.«

Reinhard Schäfer,
Stv. Vorsitzender des Vorstandes,
SV Sparkassenversicherung Holding AG, Stuttgart

»Leadership bedeutet für mich vor allem, jederzeit und unter allen Umständen Added Value zu liefern. Dieses Buch schafft dies für alle Leser, unabhängig davon ob sie sich an das Thema herantasten wollen oder ob sie zu denen gehören, die in diesem Buch zitiert werden.«

Hartmut Schick,
Senior Vice President, Daimler Chrysler AG, Stuttgart

»Die Erkenntnis aus diesem Buch sollte selbstkritische Manager dazu anregen, ihre Vorstellungen vom wirksamen und gleichzeitig sinnvollen Führen eines Unternehmens zu überdenken.«

Michael Seeber,
CEO, Leitner AG, Sterzing

»Das Buch ist das Musterbeispiel einer fruchtbaren Wechselwirkung zwischen Theorie und Praxis. Es zeigt, wie jeder seine Leadership-Fähigkeiten und sein strategisches Denken verbessern kann. Ein erfrischend geschriebenes Buch, voll von Lebensweisheit und praktischen Anregungen.«

Dr. Daniel Vasella,
Chairman & CEO, Novartis AG, Basel

»Strategien in der Unternehmensführung sind wichtig – sie bestimmen die Richtung künftigen Handelns. Für deren Umsetzung müssen alle Mitarbeiter begeistert werden.«

Prof. Dr. h.c. Reinhold Würth,
Vorsitzender des Beirats der Würth-Gruppe, Künzelsau

# Der Autor

*Hans H. Hinterhuber* ist Professor und Vorstand des Instituts für Unternehmensführung, Tourismus und Dienstleistungswirtschaft der Universität Innsbruck und Professor für Internationales Management an der Wirtschaftsuniversität Bocconi in Mailand. Er hat zahlreiche Publikationen auf den Gebieten der strategischen Unternehmensführung und des Führungsverhaltens verfasst. Sein Anliegen – auch und vor allem in seiner Funktion als Mitglied in Aufsichtsräten – ist es, Führende noch erfolgreicher zu machen und vielleicht auch innerlich weiter zu bringen.

*Anschrift:*
Institut für Unternehmensführung, Tourismus und
Dienstleistungswirtschaft
Universität Innsbruck
Universitätsstraße 15
A-6020 Innsbruck
Telefon: (+43) 512/507-7181
Fax: (+43) 512/507-2968
E-Mail: hans.hinterhuber@uibk.ac.at
Internet: http://www.uibk.ac.at/c/c4/c436

# Wirtschaft ...

Klaus Nathusius
### Gründungsfinanzierung
Wie Sie mit dem geeigneten Finanzierungsmodell Ihren Kapitalbedarf decken.
*2003. 176 Seiten. Hardcover mit Schutzumschlag. 29,90 €*
*ISBN 3-934191-53-3*

Marc Gruber/Joachim Henkel/Ralf Witzler Hg.
### Gründungsmanagement
Wie Jungunternehmer Ideen finden, Strategien entwickeln und Wachstum erzielen.
*2002. 240 Seiten. Hardcover. 36,00 €*
*ISBN 3-89843-093-6*

Hans-Dieter Kleinhückelskoten et al.
### Business Angels
Wenn Engel Gutes tun! Wie Unternehmensgründer und ihre Förderer erfolgreich zusammenarbeiten. Ein Praxishandbuch.
*2002. 256 Seiten. Paperback. 25,90 €*
*ISBN 3-934191-72-X*

Herausgegeben von der DtA (Deutsche Ausgleichsbank)
### Krisenmanagement
Strategien gegen die Insolvenzgefahr in kleinen und mittleren Unternehmen.
*2002. 120 Seiten. Paperback. 20,90 €*
*ISBN 3-89843-088-X*

# ... aus erster Hand!

Manfred Schmidt
**Marken im Bermuda-Dreieck**
Wo Unternehmen ihr Geld versenken. Und wie sie es wieder heben können.
*2003. 192 Seiten. Hardcover mit Schutzumschlag. 29,90 €*
*ISBN 3-934191-79-7*

Fredmund Malik
**Die Neue Corporate Governance**
Richtiges Top-Management – Wirksame Unternehmensaufsicht.
*2002. 3., erw. u. akt. Auflage. 358 Seiten. Hardcover mit Schutzumschlag. 36,00 €*
*ISBN 3-89843-090-1*

Ulrich Siebert/Jens Meyer Hg.
**Blenderwirtschaft**
Systemfehler und Selbsttäuschungen. 13 Klärungsversuche.
*2002. 272 Seiten. Hardcover mit Schutzumschlag. 24,90 €*
*ISBN 3-89843-096-0*

Matthias Brendel/Udo Ludwig
**Betrügern auf der Spur**
Ein Ratgeber für vorsichtige Anleger.
*2002. 295 Seiten. Hardcover. 24,90 €*
*ISBN 3-89843-092-8*

Leseproben im Book-Shop unter: www.fazbuch.de
Bestellungen unter: Tel. (07 11) 78 99 - 20 62 / Fax (07 11) 78 99 - 10 10

**Frankfurter Allgemeine Buch**
IM F.A.Z.-INSTITUT

## Die Arbeitshandbücher

Als Wirtschaftsbuch-Verlag verstehen wir uns als Vermittler von Wissen für Fach- und Führungskräfte. Wir unterstützen Sie in der Professionalisierung Ihrer fachspezifischen Instrumente (professional skills) und in der Weiterentwicklung Ihrer ganz persönlichen Fähigkeiten (personal skills).

Die Bücher bieten Ihnen fundierte Hintergrundinformationen, Basiswissen sowie Entscheidungshilfen auf den Gebieten **Wirtschaft, Kommunikation** und **Marketing**.

## Die Lesebücher

Tagtäglich werden die Brennpunkte aus Wirtschaft, Politik und Gesellschaft in der Frankfurter Allgemeinen Zeitung diskutiert. Frankfurter Allgemeine Buch greift die interessantesten und wichtigsten dieser Themen auf und vertieft diese in verschiedenen Verlagsreihen.

Streitbare Breviere, unterhaltsame Sachbücher und Biographien prominenter Persönlichkeiten garantieren Lesegenuß und die „Durchlüftung" Ihres Denkapparates.

## www.fazbuch.de

Der Book-Shop mit vielen **Büchern, Leseproben** und **Autoreninformationen**.

**Frankfurter Allgemeine Buch**
IM F.A.Z.-INSTITUT